ENCYCLOPÉDIE

portative,

OU
RÉSUMÉ UNIVERSEL

des sciences, des lettres et des arts,

EN UNE COLLECTION
DE
TRAITÉS SÉPARÉS;

PAR UNE SOCIÉTÉ DE SAVANS
ET DE GENS DE LETTRES,

Sous les auspices de MM. DE BARANTE, DE BLAINVILLE, CHAMPOLLION, CORDIER, CUVIER, DEPPING, C. DUPIN, EYRIÈS, DE FÉRUSSAC, DE GÉRANDO, JOMARD, DE JUSSIEU, LAYA, LETRONNE, DE MOLÉON, QUATREMÈRE DE QUINCY, THENARD et autres savans illustres;

ET SOUS LA DIRECTION
DE M. C. BAILLY DE MERLIEUX,

Avocat à la Cour Royale de Paris, membre de plusieurs sociétés savantes, auteur de divers ouvrages sur les sciences, etc., etc.

Scientia est amica omnibus.
PLATON.

IMPRIMERIE

DE

Marchand Du Breuil,

RUE DE LA HARPE, N° 80.

ARCHEOLOGIE.

Première Partie.

Post tenebras lux.

Lith. de Mantoux.

A LA MÉMOIRE

DE

AUBIN LOUIS MILLIN,

DONT LE ZÈLE CONSTANT

POUR L'INTERPRÉTATION

DE L'ANTIQUITÉ FIGURÉE,

ATTEND EN FRANCE UN SUCCESSEUR.

RÉSUMÉ

COMPLET

D'ARCHÉOLOGIE.

Monumens d'ARCHITECTURE, de SCULPTURE et de PEINTURE, comprenant les constructions de tout genre, les statues, bas-reliefs, figurines, tombeaux, autels, vases peints, mosaïques, etc., avec une INTRODUCTION historique et terminé par un VOCABULAIRE.

ORNÉ DE PLANCHES.

Par M. CHAMPOLLION-FIGEAC.

PRISCI ÆVI VESTIGIA.

Paris,

AU BUREAU DE L'ENCYCLOPÉDIE PORTATIVE,
Rue du Jardinet-St.-André-des-Arts, n° 8.
ET AU BUREAU CENTRAL DE SOUSCRIPTION,
rue Taitbout, n° 6.

1825.

TABLE
DES MATIÈRES.

———

FIN DE LA TABLE.

AVERTISSEMENT.

La connaissance des antiquités a toujours vivement piqué la curiosité générale, et cependant ce *Résumé d'Archéologie* est le premier livre élémentaire, embrassant toutes les parties de la science, qu'on ait publié en France ; sans doute la difficulté de faire briller un flambeau accessible à toutes les intelligences, au milieu de l'amas immense des restes de toute sorte que les livres des anciens, les voyages, les fouilles, les recherches de tout genre ne cessent d'accumuler autour de nous, fut la seule cause du voile qui enveloppa jusqu'ici les travaux de l'archéologue pour tous autres que les adeptes. Des principes généraux solidement basés, une méthode bien choisie, la concision et la clarté, pouvaient seules suppléer aux développemens que ne permettent point les livres adressés à toutes les classes de lecteurs, et sous tous les rapports ce résumé, qui satisfait un besoin vivement senti depuis bien long-temps, ne peut qu'être favorablement accueilli des savans et des amateurs : les premiers y trouveront leurs propres doctrines, et les seconds, en les prenant pour guides, ne pourront craindre de s'égarer dans une étude qui embrasse l'ancienne civilisation tout entière considérée dans ses productions matérielles.

Confié à un savant qui contribue chaque jour

par ses recherches à l'avancement de la science, cet ouvrage ne sera pas seulement le résumé de ce qui a été fait par les maîtres, il contiendra encore l'exposé de ce que la science a gagné depuis leurs travaux, et offrira le résultat des recherches particulières d'hommes que l'Europe a placés également au premier rang. Le nombre des livres qui traitent des antiquités grecques, étrusques et romaines, est très-considérable, et sans doute une moisson moins abondante de découvertes est à recueillir dans ce champ immense; mais pour l'Archéologie égyptienne, il n'en est pas ainsi, et il est bien digne de remarque que sur ce vaste sujet les choses les plus nouvelles se trouvent aujourd'hui les plus importantes. Les découvertes récentes de M. Champollion le jeune en ont décidé ainsi, et le suffrage unanime de l'Europe savante, a été la digne récompense des longues et pénibles recherches de cet illustre savant français. Les doctrines étaient donc à fonder sur l'Archéologie égyptienne; de nombreux ouvrages en avaient traité les diverses parties, et, malgré les audacieuses rêveries de Kircher, bien des opinions plus respectables avaient occupé le monde littéraire, depuis surtout que la critique, renonçant aux spéculations aventureuses, s'était soumise de plein gré à des méthodes plus propres à assurer ses succès, mais sans parvenir à soulever même un coin du voile que le temps avait jeté sur l'antiquité égyptienne. La mémorable expédition française qui a donné au monde savant le tableau fidèle de l'ancien monde égyptien, avança prodigieusement son étude, et l'alphabet des Hiéroglyphes, jusqu'alors si faussement interprété, l'a fondée enfin sur des bases certaines et éprouvées. On trouvera donc ici le premier traité véridique sur les antiquités égyptiennes, abondantes aujourd'hui dans tous les cabinets de l'Europe; et cette partie de ce résumé ne peut manquer d'intéresser à un haut degré toutes les classes de lecteurs qui ont si souvent entendu citer ce peuple origine de tant d'autres peuples, mais particulièrement les archéologues qui y trouveront les moyens de reconnaître, de qualifier et de classer les nombreux produits de l'art, des croyances et des usages de l'ancienne Égypte. Ces doctrines nouvelles, mais à l'abri de toutes les attaques aussi bien que si elles avaient reçu la sanction d'une longue période d'examens et de critiques, sont le résultat des travaux encore inédits des savans qui ont le plus contribué à les établir.

A l'égard des monumens gaulois, si intéressans pour notre patrie, on ne pouvait en parler longuement, les fragmens authentiques de cette origine étant fort rares et très-peu variés. Si les étymologies d'une foule de lieux, si des restes de constructions et de travaux de terrasses, des amas de sépultures découverts en mille endroits aujourd'hui très-peu peuplés, attestent l'état florissant de la vieille Gaule, le défaut d'acces-

soires et de figures systématiques propres à
éclairer les recherches des érudits, ou de caractères écrits dont ils puissent interpréter le
langage, diminue beaucoup, sinon l'intérêt, du
moins l'utilité de ces monumens. Ils ont été
l'objet de beaucoup de systèmes plus patrio-
tiques que certains, et tout ce qu'on a pu faire
dans cet ouvrage, a été de se défendre de ce
qu'on appelle le *celticisme*, qui a voulu que
les doctrines précédassent l'observation, et peut-
être l'existence même des faits. Dans tous les
cas cette réserve ne saurait être l'occasion d'un
blâme envers l'auteur de ce résumé, qui indique
d'ailleurs tout ce qu'on sait de curieux sur ces
monumens.

La science des antiquités renferme l'étude et
l'interprétation de tout ce que les anciens peuples ont transmis à la postérité en fragmens
matériels; malgré ce cadre immense, les objets
qu'embrasse l'Archéologie se groupent naturellement en deux classes qui sont même souvent
désignées par des dénominations différentes, et
qui ont servi de bases au partage de ce traité
en deux volumes. La science archéologique
comprend les monumens d'architecture, de
sculpture, de peinture, de gravure, et tous les
meubles et ustensiles dont l'antiquaire forme
ses collections; mais on a souvent désigné sous
le titre d'*Archéologie proprement dite* la science
des monumens d'architecture, de peinture et
de sculpture, et sous celui de *Numismatique* la

science des médailles, auxquelles il convient d'adjoindre les inscriptions et les pierres gravées. Ce résumé est donc divisé en deux parties; le premier volume, après avoir, dans une INTRODUCTION, tracé rapidement l'histoire de la science, ses limites, son but, son utilité, traite des monumens d'architecture, de sculpture et de peinture de tout genre, et comme complément de cette dernière division, des vases peints et des mosaïques. Dans le second volume on trouve les notions nécessaires pour l'étude des pierres gravées, des inscriptions et des médailles; une division spéciale renferme tout ce qui est relatif aux ustensiles et instrumens sacrés, funéraires, civils ou militaires : la variété de ces objets, dont la plupart sont à la fois le produit de plusieurs arts différens, a exigé pour eux cet appendice final.

Ce résumé embrasse donc toutes les parties de l'Archéologie. Un tel ouvrage manquait entièrement à nos études et au goût général pour les connaissances solides, qui dirige plus que jamais les esprits vers l'antiquité; nous croyons qu'il ne pourra que contribuer puissamment au succès de notre *Encyclopédie* et être agréable aux savans et aux gens de goût, aux artistes et aux personnes du monde : ils partageront notre haute estime pour cette production d'un érudit dont la juste réputation, fondée sur des travaux variés et nombreux relatifs aux diverses branches de l'Archéologie, est si universellement proclamée, et on reconnaîtra que nous ne négligeons aucuns efforts pour faire de cette collection un monument hors de pair avec tout ce qu'on possède maintenant en France.

Chacun des deux volumes est terminé par le VOCABULAIRE des mots techniques qui lui sont propres, et qui sont imprimés dans le texte en *italiques*. Le même écrivain et le même ouvrage traitant ordinairement de plusieurs genres de monumens à la fois, on a dû réserver pour la fin de l'ouvrage la BIOGRAPHIE de Archéologues, et la BIBLIOGRAPHIE contenant un choix raisonné des meilleurs ouvrages écrits sur l'ensemble et les diverses parties de la science des antiquités.

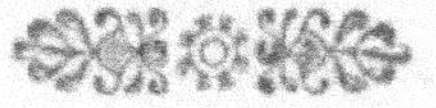

RÉSUMÉ
D'ARCHÉOLOGIE.

Première Partie,

ARCHITECTURE, SCULPTURE, PEINTURE.

INTRODUCTION HISTORIQUE.

1. Le mot *archéologie*, dans la généralité de son acception et selon son étymologie (Αρχᾶιος ancien, et Λόγος discours), comprend l'étude de l'antiquité toute entière par les monumens et par les auteurs. Bornée, comme l'usage l'a voulu, à la description des monumens, le nom d'*archéographie* conviendrait mieux à cette science, considérée dans cet objet unique; mais une distinction trop absolue serait presqu'oiseuse; le véritable archéologue ne peut se passer du secours des auteurs classiques pour expliquer les monu-

mens, et à leur tour, les monumens éclair-
cissent un grand nombre de difficultés inso-
lubles sans eux, dans les textes des écrivains
anciens. Nous devons nous conformer à l'u-
sage, et adopter le mot *archéologie* pour ce
résumé, quoiqu'il ne doive traiter que des
monumens antiques et ne point aborder la
philologie.

2. L'archéologie diffère essentiellement de
l'*histoire de l'art des anciens* et de l'*érudition*.
La *première* nous enseigne les essais contemporains ou successifs des vieux peuples, et leurs efforts pour figurer les objets qui composent l'u-
nivers matériel, ceux que l'esprit de l'homme
créa après Dieu; comment, d'une imitation
servile, il s'éleva jusqu'à ce beau idéal qui
ajoute à l'univers des beautés dont il ne renferme point le type complet, et, par le secours de l'allégorie et les effets magiques
d'une langue de convention, sut réaliser
toutes les créations du génie. La *seconde*
s'attache plus particulièrement au texte même
des écrits des anciens, les interprète, les
épure des taches que l'ignorance et l'erreur
y introduisirent; et si elle est véritablement philosophique, elle conclut du rappro-

chement des faits constans et bien observés,
quel fut l'état réel de l'esprit et des mœurs
des hommes de l'antiquité. L'*archéologie* se
borne à décrire et à expliquer les *monumens*
qui sont l'ouvrage de leurs mains. Ceux qui
la confondent avec l'histoire de l'art et
avec l'érudition, ne font ni de l'archéologie, ni de l'art, ni de l'érudition : ces trois
genres de connaissances s'éclairent mutuel-
lement, mais chacune d'elles se propose un
but spécial; elle a son système, ses préceptes
et sa nomenclature à elle seule.

3. *L'utilité de l'archéologie* est trop généralement avérée, pour nous arrêter à la dé-
montrer ici. Elle est le guide le plus fidèle
pour l'historien des temps anciens, et à
moins de nier l'utilité de l'histoire, on ne
peut mettre en doute celle de l'archéologie.
Pour les siècles antérieurs à Homère, toute
l'histoire est dans l'archéologie; les relations
abondent sur les temps qui suivirent ce génie sans modèle et sans rival; mais l'étude
approfondie de ces relations y découvre parfois des traces de quelques influences qui
montrèrent à l'écrivain la vérité là où elle

n'était pas, ou bien un peu autrement qu'elle ne fut en réalité, et Thucydide est un excellent athénien dans l'histoire des guerres civiles de toute la Grèce. Les monumens ne sont d'aucun parti; les faits qu'ils énoncent portent avec eux une naïve certitude, et s'ils contredisent l'historien, ils le condamnent comme coupable d'erreur ou de mensonge.

4. L'histoire ancienne s'éclaire et s'agrandit par leurs témoignages; pour les hommes célèbres, elle y trouve leurs noms véritables, leur origine et leurs portraits; pour les peuples, leurs opinions et leurs préjugés, leurs religions et leurs cultes, leur science civile, politique, économique, administrative, leurs progrès dans les connaissances utiles à la civilisation, leurs mœurs publiques et privées, leur régime général, enfin ce qu'ils firent pour la vérité, et les erreurs qu'ils ne purent éviter; pour les lieux, des documens authentiques d'où la géographie tire des notions importantes, qui lui manqueraient sans leur secours; et pour les temps, des époques certaines qui, comme des jalons lumineux, dissipent une partie des ténèbres dont la

succession des siècles enveloppa les vieilles annales de l'esprit humain, et nous signalent ses progrès.

5. L'archéologie se propose donc de tracer le tableau de l'état social ancien, par les monumens. L'homme et ses ouvrages doivent être le véritable but de son étude; tous les monumens, même les plus communs et les plus grossiers, déposent de quelques faits, et l'ensemble de ces faits est comme une statistique morale des anciennes sociétés. Considérée de cette hauteur, l'archéologie mérite le nom de science, son utilité frappe dès l'abord; la variété des moyens propres à son étude nous charme bien vite. Elle nous fait vivre et nous entretenir avec tous les grands hommes et tous les grands peuples des temps passés; nous cherchons notre histoire dans la leur, et nous ne savons pas résister au plaisir de comparer nos croyances avec leurs opinions, nos goûts avec leurs usages, et nos espérances avec leurs destinées.

6. Plusieurs méthodes se présentent pour l'étude de l'archéologie; l'une est *chronologique*, l'autre *analytique*, et toutes deux, si on les isole, pèchent en quelques points essentiels;

celle qu'on a suivie dans la rédaction de ce résumé, a semblé laisser le moins à désirer, et se prêter à des rapprochemens qui vont au but même de cette étude.

7. La *méthode chronologique* consiste à traiter des monumens de chaque nation en particulier, selon l'ordre de priorité que l'histoire lui assigne. Mais cette méthode, pour être la plus commode, n'est pas sans de graves inconvéniens; on saura d'abord ce que firent les Égyptiens, ensuite les Grecs, ensuite les Italiens ou les Romains, si l'on veut; mais les rapprochemens qu'on doit tirer de ces exposés, qui embrassent tant d'objets divers, seront nécessairement moins fructueux, parce que leurs élémens seront plus dispersés, et ce travail de l'esprit, qui recherche avec tant d'avidité les origines dans les analogies, les singularités dans les dissemblances, deviendra par là plus laborieux, plus incertain, et perdra, à la fois, de son charme comme de sa certitude.

8. La *méthode analytique*, en traitant de chaque sujet en particulier, relativement à tous les peuples à la fois, quoique moins défectueuse que la première, est trop soumise

à l'arbitraire de l'archéologue, qui commencera, de son gré, par traiter ou de la religion, ou de l'état des arts, ou des usages civils et militaires, des monumens funéraires ou des monumens religieux. Ce plan peut plaire par sa généralité, par la liberté même qu'il laisse à l'écrivain; mais là où les monumens nous manquent, que pourra dire l'archéologue? La science ne comprend que les faits conservés par les monumens même; elle recueille ces faits, les coordonne, les interprète, et ce sont ces interprétations qui vont prendre leur place dans les divers chapitres de l'histoire même des anciens. En ne perdant pas de vue que la science ne se compose que de ces interprétations, on conçoit que sa théorie ne doit venir qu'après ces faits, et qu'elle doit être subordonnée à leurs résultats, fondés sur la nature même et la diversité d'expression des monumens.

9. Il nous a donc semblé pouvoir satisfaire aux conditions les plus désirables, en adoptant une méthode à la fois chronologique et analytique. Le même sujet sera considéré chez les divers peuples à la fois, mais selon leur ancienneté relative. Cette méthode con-

servera ainsi l'ordre des origines et des mo-
difications; elle fera distinguer les institu-
teurs premiers, de leurs élèves, et l'invention, de l'imitation plus ou moins complète;
elle nous montrera les pratiques de tout
genre, courant le monde avec les colonies,
exportées par les migrations des philosophes
voyageurs; et lorsqu'un usage sera remarqué
à la fois chez deux peuples d'un âge différent,
l'histoire écrite nous expliquera ordinairement le temps, les causes et les circonstances
de cette communication, ou si l'histoire se
tait, l'archéologie suppléera peut-être à son
silence et remplira ainsi ses lacunes. Cette
méthode nous apprendra donc ce qu'on a
fait dans chaque pays, dans des circonstances
communes à tous, dans les circonstances particulières à chacun, et comment les arts divers concoururent à l'accomplissement de ces
vues analogues ou opposées.

10. Chaque monument est en effet le produit, soit d'un art unique, soit de plusieurs
à la fois; mais l'espèce et la destination de
chaque monument, se rattachent plus particulièrement à un seul, et quoiqu'un temple
ait été érigé avec les secours de l'architecte,

du sculpteur, du peintre et du graveur, l'architecte fit plus que les autres, et c'est comme ouvrage d'architecture, qu'il doit être plus particulièrement considéré. Nous trouvons dans ce principe un second moyen de compléter notre méthode; 1° en classant tous les monumens selon l'art qui les a exécutés; 2° en les considérant comme *sacrés*, *civils ou militaires*, *et funéraires*, subdivision qui appartient également à chacune des grandes divisions fondées sur la diversité des arts. Le tableau suivant expliquera pleinement notre pensée :

PREMIÈRE PARTIE.

1. ARCHITECTURE.	Monumens religieux, civils, militaires, funéraires, etc.	Murs, maisons, temples, colonnes, obélisques, pyramides, théâtres, tombeaux, voies publiques, etc.
2. SCULPTURE. . . . . . . *Idem*.		Statues, bustes, bas-reliefs, etc.
3. PEINTURE. . . . . . *Idem*.		Fresques, sculptures peintes, tableaux sur pierre, bois, toile et papyrus; vases peints, mosaïques.

SECONDE PARTIE.

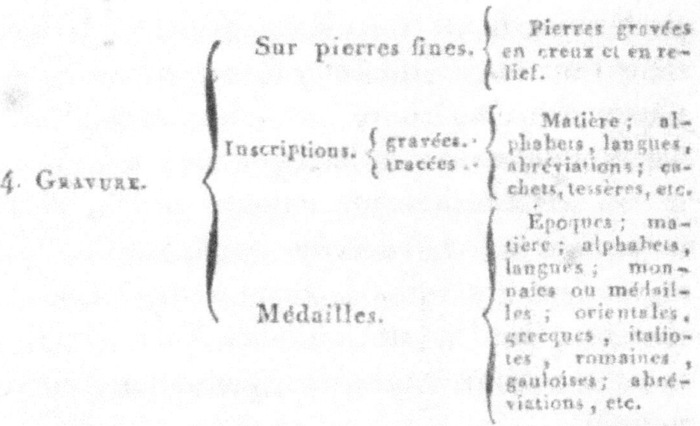

5. MEUBLES et USTENSILES religieux, domestiques, militaires, funéraires, etc.

11. Il existe une classe particulière de monumens qui n'avaient pas ce caractère dans l'antiquité, et qui abondent dans toutes les collections publiques et particulières; je veux dire cette foule d'objets antiques qui furent d'un usage général, et qui servaient à l'art de se nourrir, de s'habiller, de se parer, aux besoins et aux commodités de la vie domestique, aux cérémonies de la religion, à l'art de la guerre et aux rites funéraires. Ils sont, comme les autres, le produit d'un seul

art ou de plusieurs; mais les arts qui les ont produits, s'y montrent non pas comme en étant le but, mais seulement le moyen. On a donc pu les distraire de la classification adoptée pour les monumens d'une plus grande importance ; la variété infinie de ces *meubles*, *armes, ustensiles, poids, mesures,* etc. , nous y a même forcés, et il suffira de l'étendue de leur nomenclature, pour justifier le parti que nous avons pris d'en former une classe générale , tout à fait distincte des autres.

12. Néanmoins, nous soumettrons cette nomenclature, autant du moins qu'il nous sera possible, à l'ordre précédemment indiqué, car l'histoire des arts des anciens est aussi dans leurs monumens, et un ustensile quelconque dépose également de leur infériorité relative, de leur progrès commun, de leur perfectionnement. Le *style* d'un monument quelconque est le premier indice de son origine; l'œil exercé, d'après des règles précises, ne confondra pas une figurine étrusque avec une figurine égyptienne, quoiqu'elles aient quelques caractères communs, ni une statue grecque avec une statue romaine, quoique Rome doive toutes ses productions

aux artistes de la Grèce. Il en est de même du plus petit meuble; et comme la connaissance du style particulier à chaque peuple de l'antiquité est une des notions les plus utiles à l'archéologue, nous essaierons d'ajouter quelques préceptes positifs, aux exemples rassemblés dans les planches, et tirés des monumens de cinq de ces peuples que l'on peut considérer comme les seuls classiques pour notre occident, d'après l'ordre établi dans nos études.

13. Nous comprenons dans cette liste les *Egyptiens*, les *Grecs*, les *Italiotes* ou anciens peuples de l'Italie, les *Gaulois* et les *Romains*. Il y a sans doute aussi des antiquités en Asie, et des monumens anciens dans les Amériques; la première même, l'Asie, s'infiltre déjà avec de grandes promesses dans l'histoire de nos langues savantes; mais elle fait néanmoins comme un monde à part qui a aussi ses doctrines et ses merveilles, et elle n'entre pas encore assez avant dans nos études ordinaires, dans notre système d'enseignement public, elle n'est pas assez mêlée à nos souvenirs, à nos origines, au goût général, pour trouver dans ce résumé une place

en rapport avec son importance même ; elle n'excite pas d'ailleurs cet intérêt universel qui fait accueillir si bien tous les souvenirs des Gaulois, nos premiers ancêtres, des Romains qui subjuguèrent les Gaulois et envahirent la Grèce, des Grecs enfin qui soumirent l'Egypte, après s'être formés à son école. Nous ne ferons donc que mentionner rapidement des monumens asiatiques, et ceux qu'on a rencontrés dans les Amériques.

14. Quoique borné principalement à l'étude des monumens des cinq peuples que nous venons de nommer, ce traité pourrait être fort étendu, parce que c'est chez eux que se trouvent pour nous l'origine et le développement de toute science noble en son but et utile en ses effets : la société civile actuelle est le résultat de leurs expériences ; leur sagesse appelle notre admiration, et leurs erreurs mêmes notre respect. Mais nous avons dû souscrire aux limites qui ont été tracées et ne point perdre de vue qu'il est quelquefois possible de faire un livre utile, quoique peu étendu, sur un sujet qui prête à tant de développemens. Nous avons donc borné les notions que celui-ci renferme, à celles qui

sont d'une utilité plus générale relativement à l'espèce de monumens que le lecteur peut avoir plus souvent l'occasion d'étudier.

15. Les monumens romains sont comme un produit du sol de la France; les monumens grecs ne se voient que dans les riches collections, et ceux des Italiotes presque nulle part qu'en Italie; mais les monumens égyptiens affluent depuis quelques années, et leur variété n'étonne pas moins que leur nombre et la richesse de quelques-uns d'entr'eux. Nous essaierons de satisfaire, à tous les égards, les personnes que le goût des beaux arts et de la solide instruction porte à recueillir ces vénérables reliques de l'antiquité. Nous n'écrivons pas pour les savans de profession, nous réclamons au contraire leurs conseils et leur indulgence.

16. Nous prions de considérer que ce *Résumé d'archéologie* est le premier livre élémentaire, publié recemment en France, qui en embrasse toutes les parties. Il existe une foule d'excellens ouvrages où les vrais principes de la science sont consignés, et les bonnes leçons très-abondantes; je les ai pris pour guides, et j'ai dû m'appliquer, moins à

écrire un traité complet sur la matière, qu'à
éviter les erreurs en traitant des sujets, cependant assez nombreux, qui ont pu trouver
place dans notre plan. Il y aurait beaucoup
à ajouter pour rendre cet ouvrage complet.
Je serai satisfait si la critique y trouve peu à re-
prendre, et s'il présente à l'archéologue et à l'a-
mateur les véritables rudimens d'une science
vaste dans son sujet, importante dans son
but, qui charme à la fois l'esprit et l'imagination, et rappelle de la manière la plus ex-
pressive et sur la foi des témoins contemporains, les plus grands et les plus nobles
souvenirs de l'histoire.

17. Les anciens ne connurent pas l'archéologie comme science; l'Égypte se place
à l'origine des sociétés policées, elle n'eut
point d'antiquités à étudier; la Grèce alla lui
demander des lois, des institutions, et son
génie perfectionna les arts dont elle recueillit
les élémens sur les bords du Nil. La Gaule
était solitaire comme ses druides; les vieux
Italiens se perdent dans les ténèbres primitives de notre occident, et Rome n'emporta
de la Grèce que des objets de prix, comme
butin, et non comme objets d'étude. Elle dé-

pouilla aussi l'Egypte de quelques obélisques et de quelques statues; mais c'étaient des trophées qu'elle enlevait, et dans l'esprit du vainqueur il n'entrait aucune des vues que se propose l'archéologue. On pourrait considérer Pausanias comme amateur; il décrit soigneusement les monumens de la Grèce; mais il ne systématise point leur étude, et la science archéologique est encore à naître après lui.

18. Elle est un des bienfaits de la renaissance des lettres en Europe, et ne date que de cette époque à jamais mémorable. Le Dante et Pétrarque, en cherchant les vieux manuscrits, recueillirent aussi les vieilles inscriptions. Les médailles attirèrent encore l'attention du chantre de Laure; il en envoya une collection au roi Charles IV, en lui proposant pour modèles quelques-uns des grands princes dont il lui offrit les effigies. Des restes de la peinture antique furent découverts à l'époque même où l'on commençait à raisonner sur la théorie de cet art, au 16ᵉ siècle. Le Laocoon apparut en même temps; Raphael et Michel-Ange étudièrent la sculpture antique, les pierres gravées, les grandes ruines

de l'architecture grecque et romaine; les érudits y cherchèrent l'explication des traditions
écrites sur l'antiquité, et la science proprement dite fut dès-lors fondée. Laurent de
Médicis établit à Florence un enseignement
public de l'archéologie; l'histoire de l'art
vint puiser à la même source que ses théories; Winckelmann écrivit sous l'inspiration
de ses chefs-d'œuvre, et l'alliance des arts
et de l'archéologie fut scellée par le génie de
ce grand homme.

19. A de nombreuses monographies ou
descriptions spéciales de certains monumens,
succédèrent des traités généraux que, dans
cette science comme dans quelques autres,
un zèle trop hâtif s'était empressé de pro-
duire. Des systèmes, parfois hasardeux, prirent la place de théories souvent erronées :
mais la raison humaine est comme la sphère
des fixes; un astre nouveau, en s'élevant sur
un horizon, en entraîne d'autres sur tous ses
points, et ceux-ci sont éclairés simultanément
d'une lumière nouvelle. Quand la physique
fut dépouillée de ses erreurs, l'archéologie le
fut aussi des faux systèmes : toutes les sciences
ont été fondées quand les saines méthodes

se sont dévoilées à notre esprit. L'entende-
ment humain est un, il ne peut croire tout à
la fois à la vérité et à l'erreur : c'est un instrument qui opère de même sur toutes les
matières. Louis XIV fonda l'académie des
belles-lettres ; Rome expliqua les monumens
de sa splendeur primitive ; des voyageurs
courageux allèrent exhumer ceux de la Grèce,
et le monde savant fut comme un laboratoire
où l'on s'efforçait de ressusciter l'antiquité
pièce à pièce. Grævius et Gronovius avaient
recueilli dans leurs volumineuses collections,
les fruits épars de tous ces labeurs ; Gruter
et Muratori formaient un corps systématique
de toutes les inscriptions trouvées dans le
monde romain ; Montfaucon expliquait par
les monumens les mœurs et les usages des
anciens ; don Martin, la religion des Gaulois ;
Baxter, les antiquités britanniques, et Kircher s'était donné pour un OEdipe qui inter-
prétait toutes les énigmes égyptiennes.

20. Le siècle dernier fut réellement celui
qui fonda la véritable science de l'antiquité :
les conjectures téméraires, les explications
puériles furent enfin décréditées ; la multiplicité des monumens, la fondation des mu-

sées, le goût des collections particulières, multiplièrent aussi les moyens des études fondées sur les rapprochemens, et chaque partie de la science eut des maîtres dont les écrits forment encore les meilleurs disciples : le comte de Caylus soumit à l'ordre chronologique les monumens des différens âges et pénétra le secret de la plupart des arts qui les avaient produits; Morcelli proposa un système régulier pour la classification des inscriptions selon leur sujet, et pour leur étude selon leur style; Eckhel coordonna méthodiquement la science des médailles; Rasche la rédigea selon l'ordre alphabétique; Passeri et Dempster ouvrirent à Lanzi la carrière des idiomes et des monumens de l'Italie antérieure à la fondation de Rome; Herculanum et Pompeï étaient découverts; l'abbé Barthélemy réédifiait la Grèce de Périclès de ses propres débris; Zoëga déblayait les avenues de l'antique Égypte, et Visconti paraissait au milieu de tant de travaux comme bien capable de les compléter tous.

21. Le commencement du siècle actuel est l'époque d'une révolution nouvelle dans la science : la France lettrée fit la conquête

de l'Égypte savante; l'archéologie connut enfin ses origines. La Grèce antique y rechercha aussi les sciences; des lumières nouvelles éclairèrent réciproquement l'étude de l'une et de l'autre; un magnifique ouvrage fut le fruit du zèle le plus actif et le plus fructueux : monument d'un éternel honneur pour la France qui l'a donné à l'Europe littéraire, comme le fruit d'une ardeur à l'épreuve des périls, et d'une constance qui fut plus que du courage.

22. Dès-lors la science s'agrandit et appela de nouveaux disciples dans la carrière; Millin s'était voué à l'explication de l'antiquité figurée : ses Monumens inédits, son Recueil de vases peints, sa Description des tombeaux de Canosa, méritèrent tous les suffrages; mais sa persévérance dans ce genre d'exploration n'a point trouvé d'imitateurs; les monumens s'accumulent dans les collections, et personne ne paraît plus songer à leur interprétation. M. Mongez les mêle souvent à ses doctes recherches, et son Dictionnaire d'antiquités, récemment terminé, est pour la science un guide à la fois savant et élémentaire. Dans les autres contrées, en Italie

surtout, l'archéologie classique a de nombreux partisans; Naples et Rome en nomment plusieurs, tels que Rossi, Carcani, Fea, Testa, Cancellieri, dont les travaux ont obtenu une légitime réputation; à Peruze, M. Vermiglioli professe l'archéologie, en publie les élémens, et il se voue en même temps à l'interprétation des monumens étrusques; à Florence, M. Micali a consacré à l'histoire des peuples qui firent ces monumens, un ouvrage célèbre dès son apparition; MM. Zannoni et Inghirami, quelquefois ses antagonistes, rivalisent de zèle avec MM. Alessandri et le comte Capponi, pour faire connaître convenablement les richesses de la célèbre galerie de Florence; à Milan, les Cattaneo, Malaspina et ceux qui marchent sur leurs traces, répandent la lumière sur les ténèbres des vieux temps; à Turin, où la munificence royale a offert la plus honorable hospitalité à de brillans débris de l'antique Égypte, MM. de Balbe, Napione, Peyron, Gazzera et autres savans distingués, sont aussi voués au culte de l'antiquité; l'Allemagne, si docte et si laborieuse, suit les nobles exemples des Ernesti,

des Heyne et de tant d'autres érudits qui
ont associé les monumens à l'interprétation
des auteurs ; l'Angleterre exploite aussi à la
fois ses antiquités romaines, galliques, saxon-
nes et normandes ; et tant d'efforts réunis ne
peuvent être infructueux pour l'histoire approfondie des primitives expériences socia-
les , seul but vraiment philosophique de l'archéologie.

23. Dans notre France , enfin , la science
archéologique ne promet pas de moins
heureux résultats ; ses antiquités nationales, malgré le malheureux incident qui a ra-
lenti les premiers efforts , trouvent dans
tous nos départemens des explorateurs ins-
truits et désintéressés , dont le zèle est soutenu par la conscience du service important
qu'ils rendent aux arts, aux lettres et à l'histoire ; d'honorables récompenses (une mé-
daille décernée par l'Académie royale des
Inscriptions et Belles-Lettres) ont déjà re-
commandé à l'estime publique les recherches
de MM. Schweighœuser (sur le Haut-Rhin),
Delpon (Lot), Dumège (Haute-Garonne et
Tarn-et-Garonne) , feu Giraud (Côte-d'Or) ,
Chaudruc de Crazannes (Charente-Inférieure

et Gers), Allou (Haute-Vienne), Artaud (Rhône), Jollois (Vosges), Saint-Amans (Lot-et-Garonne), Golbéry (Haut-Rhin), Penchaud (Bouches-du-Rhône et Gard), Gaujal (Aveyron); et quelques-uns d'entre eux ont associé toutes les ressources de l'érudition à l'examen et à la description des monumens; dans l'Académie, M. de la Borde publie la collection de tous ceux de la France; MM. Boissonnade et Raoul-Rochette appliquent à l'histoire l'interprétation des marbres écrits recueillis dans l'ancienne Grèce; par les soins de ce dernier, les médailles nous révèlent des rois dont l'histoire écrite n'a pas conservé les noms; M. Letronne semble s'être consacré à ceux de l'Égypte grecque et romaine; ailleurs, les manuscrits sur Papyrus occupent les veilles de MM. Young, Boeck, Kosegarten et autres; j'ai réuni mes efforts à ceux de ces savans distingués; enfin l'alphabet des hiéroglyphes est découvert, et restitue à l'histoire des siècles qu'elle avait oubliés. Que de raisons pour espérer que l'étude de l'archéologie retirera des lumières nouvelles de cette persévérance éclairée, et l'histoire, des documens authentiques qui rectifieront ses erreurs et combleront d'immenses lacunes !

24. Tel est le but que l'archéologie doit se proposer constamment. Les objets qu'elle embrasse dans ses études, sont nombreux et variés. Pour les traiter tous selon leur importance, un ouvrage étendu serait nécessaire, et sans doute au-dessus de mes forces. Je n'ai donc point perdu de vue la véritable destination de ce résumé : il doit présenter une série de préceptes éprouvés et d'instructions concises et certaines, telles qu'elles résultent des travaux des grands maîtres où elles sont répandues. Mais cette série, malgré ses généralités, doit aussi être réduite à ce qui peut intéresser le plus grand nombre d'amateurs : peu d'entre eux ont l'occasion d'étudier les grands monumens de l'architecture antique ; ce que nous en dirons se réduira donc aux faits principaux qui constituent la différence des styles et des pratiques des divers peuples dont nous nous occupons. Les produits de la peinture antique s'offrent moins rarement aux yeux de l'observateur ; on tâchera d'en parler de manière à le satisfaire, à l'égard des vases peints en par-

ticulier, genre d'ouvrages aujourd'hui assez
commun. Les objets de sculpture sont aussi
très-nombreux, et chacun d'eux porte l'em-
preinte du génie du peuple qui l'exécuta;
nous tâcherons de satisfaire à cet égard
à ce qu'exige un livre élémentaire sur cette
riche matière; et quant aux médailles et
aux inscriptions, comme celles de l'empire
romain se retrouvent partout, et bien plus
communément que celles des rois, des peuples
et des villes de la Grèce, en donnant sur ces
dernières des renseignemens généraux sur
leur type, leur légende, leurs sujets historiques ou mythologiques, nous nous appli-
querons plus particulièrement à réunir sur
les premières toutes les notions qui peuvent
en faciliter l'étude et l'explication. Les meubles et ustensiles civils, religieux ou militaires,
seront considérés par rapport à chacun des
peuples dont nous nous proposons ici d'étudier les monumens, et leur variété même en
jettera peut-être un peu dans la rédaction
d'un ouvrag où nous tâcherons de réunir
les deux qualités les plus indispensables, la
clarté et l'exactitude.

25. Il existe une foule de traités particu-

liers sur chaque partie de l'archéologie, et quelques-uns sont l'ouvrage de savans justement célèbres ou distingués. En réunissant ici pour la première fois, et dans un résumé sommaire, l'ensemble de leurs préceptes et de leurs décisions, je m'appliquerai particulièrement à me montrer fidèle à leur autorité; et en y ajoutant les faits nouveaux que mes études spéciales, notamment sur les antiquités égyptiennes qui, aujourd'hui, se placent justement en tête de toutes les autres, m'ont permis de recueillir, j'ose espérer de pouvoir offrir aux amis éclairés de l'antiquité un ouvrage qui ne leur sera pas tout-à-fait inutile, et pour lequel je n'ai pas eu de modèle. Je rassemble et reproduis les leçons éparses des grands maîtres, c'est un nouvel hommage à leurs travaux et à leur mémoire.

Première Division.

MONUMENS D'ARCHITECTURE.

26. Chaque peuple eut ses règles, ses proportions et son goût particuliers, tout en se proposant le même but, c'est-à-dire la solidité, la régularité et la convenance. L'influence des climats et des institutions publiques se montra surtout dans les produits de l'architecture. Dans notre Occident, les temples à ciel ouvert conviendraient aussi peu à sa température qu'à nos habitudes; les jeux de la scène entraient beaucoup plus dans les mœurs nationales des Grecs et des Romains que dans les nôtres; les comédiens n'étaient point proscrits par les pontifes; enfin, l'art de la guerre, tel qu'il était chez les anciens, imposait d'autres principes à l'architecture militaire.

SECTION PREMIÈRE.

Des murs et murailles : des mortiers et cimens.

27. *Égyptiens.* Les murs d'enceinte des villes égyptiennes sont généralement construits en briques crues, séchées an soleil ou cuites : leurs dimensions sont variables; le limon du Nil en a fourni la matière, et quelquefois elles portent de courtes inscriptions hiéroglyphiques enfermées dans un parallélogramme. On ne connaît comme ouvrages de l'architecture égyptienne que des temples, des palais, des pyramides, des obélisques, des murs d'enceinte ou de quais, et autres constructions publiques; les constructions particulières, les maisons, etc., ont disparu par le laps de temps, soit qu'elles fussent construites en terre ou en briques, soit avec d'autres matériaux aussi périssables. Le caractère général et spécial de l'architecture égyptienne, est dans l'inclinaison sensible ou *talut* de tous les côtés ou paremens. On connaît d'ailleurs la solidité de leurs ouvrages; elle provient surtout du bon choix des maté-

riaux, de leur volume extraordinaire et du soin avec lequel on les appareillait. On a remarqué souvent que, dans les assises, les pierres voisines sont attachées l'une à l'autre par un morceau de bois solide, plat, taillé en queue d'aronde à ses deux bouts, et incrusté dans les pierres. Les Grecs et les Romains employaient le bronze et le fer au même usage. Certaines constructions égyptiennes, encore existantes, ont aujourd'hui plus de quatre mille ans de durée.

28. *Grecs.* Ils construisirent d'abord leurs murs en pierres brutes de grandes proportions : les interstices étaient garnis de pierres plus petites ; on voit encore des restes de murailles semblables dans les îles de Gozzo et de Malte. A Corinthe, Érétrie, et Ostie en Eubée, les plus anciens murs sont formés de polygones irréguliers parfaitement taillés et très-bien joints ensemble (*V.* au n° 29). Lorsque l'architecture grecque se perfectionna, elle adopta trois manières différentes de bâtir ; l'*isodomum*, rangées de pierres de la même hauteur et très-longues en général ; le *pseudoisodomum*, assises de pierres de hauteur inégale ; l'*emplecton*, pour les épaisseurs

extraordinaires ; on élevait en pierres de taille les deux faces du mur, et l'intervalle était rempli de pierres brutes noyées dans le mortier, et de distance en distance, des pierres assez longues portant sur les deux faces, consolidaient ce genre de construction.

29. *Italiotes*. Les plus anciennes constructions observées dans les murs des villes étrusques, sont de grandes pierres taillées en polygones irréguliers ; c'est ce qu'on a désigné par le nom de *murs cyclopéens*. Depuis que M. Petit-Radel a appelé l'attention des archéologues sur ces monumens, on en a reconnu dans les plus anciennes villes de la Grèce, de la Sicile et de l'Italie ; et ce qui démontre leur haute antiquité, c'est qu'on les trouve en général comme substructions au-dessous de murs édifiés selon les principes d'une architecture plus régulière. (V. *Magasin encyclopédique*, 3ᵉ année, 1804, tom. V, pag. 446 et suiv.). Les murs militaires étrusques de Volterre sont cependant construits en grandes pierres placées horizontalement.

3o. *Gaulois*. On n'oserait affirmer qu'il nous reste encore quelques constructions gauloises. On voit, en général, par les bulletins de la guerre de César dans les Gaules, qu'on y employait plutôt le bois que les pierres, du moins pour les murs de défense préparés à la hâte. Cependant l'histoire de quelques siéges fait supposer que les villes ou places fortes qui les soutenaient, étaient défendues à la fois par le courage patriotique des Gaulois et par des murailles. Celles de Marseille étonnèrent César même par leur élévation; mais Marseille était une ville grecque. Uxellodunum, ville gauloise, dont j'ai retrouvé le véritable emplacement à Capdenac (Lot), conserve encore des ruines de murs bâtis au-dessus de larges fossés taillés profondément dans le rocher qui porte la ville; ces restes de murs se lient très-bien avec une porte antique qui subsiste encore entière; mais ces constructions peuvent être l'ouvrage des Romains, maîtres d'une place qu'ils durent vouloir conserver et fortifier. On ne peut donc rien dire de spécial sur les constructions gauloises.

31. *Romains*. Ils imitèrent d'abord les Étrusques, leurs maîtres, et adoptèrent ensuite deux systèmes particuliers de construction : l'*incertum* ou *antiquum*, qui consistait à

employer la pierre telle qu'on la tirait des carrières, et qu'on adaptait les unes aux autres, aussi bien qu'on le pouvait; et le *reticulatum*, composé de pierres taillées et carrées, mais assemblées de manière que la ligne des jointures formait une diagonale, ce qui donnait aux murs l'apparence d'un *réseau*. Vitruve assure que cette manière de bâtir était de son temps la plus commune; il en reste encore des exemples. Les Grecs lui donnaient le nom de *dictyothéton*, analogue à réseau; ils communiquèrent aussi aux Romains leur *emplecton*. Ceux-ci employaient quelquefois la pierre et les briques simultanément, et avec une symétrie qui suppose l'intention d'orner les murs construits avec ce mélange. Ils connurent aussi l'emploi de l'argile ou *pisé*, qu'ils imitèrent des Carthaginois; enfin ils employèrent partout pour l'intérieur des édifices, le charpentage dont les vides étaient remplis de maçonnerie en pierres ou en briques.

32. *Mortiers et cimens.* La perfection de ceux des anciens a passé en proverbe: Les Égyptiens ne les employèrent pas dans leur grandes constructions, mais d'autres monu-

mens en conservent les traces; les Pyramides furent autrefois couvertes d'un revêtement qui en suppose l'usage. L'emploi du plâtre, de la chaux, des bitumes, etc. dans les arts, est démontré par mille exemples. Les Grecs et les Étrusques les connurent aussi; on cite un réservoir de Sparte, construit en cailloux cimentés, et les grottes sépulcrales de Tarquinia sont enduites d'un stuc couvert de peintures; la nécessité dut rendre l'usage du mortier et des cimens familier à tous les peuples; le temps, qui les a durcis, les fait supposer plus parfaits que ceux des modernes. L'ingénieur Vicat, qui a fait récemment de nombreuses expériences sur les cimens des anciens, prouve que tout leur mérite à cet égard, consistait dans l'art de mêler la chaux plus ou moins grasse avec un sable plus ou moins argileux. M. Vicat a dévoilé ce secret à l'architecture moderne, et ses théories chimiques ont accrédité ses découvertes, qui sont pleinement confirmées par les expériences de chaque jour.

SECTION II.

Des maisons.

33. Les anciens agissaient autrement que les modernes dans cette partie essentielle des usages sociaux. Il ne paraît pas qu'ils se soient occupés d'embellir les villes par les constructions particulières : les monumens publics avaient seuls ce privilége, et les honneurs décernés aux citoyens qui les faisaient élever ou réparer à leurs dépens, tourna vers eux leur attention et l'emploi de leur fortune, plutôt que vers les habitations domestiques. On ignore quels furent, à cet égard, les usages des Égyptiens, avant leurs communications avec les Grecs, et ceux des Italiotes et des Gaulois.

34. Les *Grecs*, selon Vitruve, et les Grecs riches vraisemblablement, partageaient leur maison en deux appartemens distincts l'un de l'autre, celui des hommes *Andronitis*, et celui des femmes *Gynæconytis* ou gynæcée. Le gynæcée, placé d'abord au premier étage, quand l'andronitis était au rez-de-chaussée

occupa ensuite, près de celui-ci, la partie la plus reculée de la maison. Les mœurs grecques condamnaient les femmes à une retraite habituelle; une grande salle était destinée à leurs travaux, entourées de leurs esclaves; à la suite était le *thalamus*, ou chambre à coucher, et avant la salle de travail, l'*anti-thalamus*, ou sallon pour les visites; une salle à manger, et les autres chambres nécessaires au service domestique, se trouvaient auprès. L'appartement du mari se composait de plusieurs salles de festin, de musique et de jeux, et ensuite était un portique ou galerie pour la conversation et la promenade intérieure; il était près de la bibliothèque et de la galerie des tableaux. Un portier gardait l'entrée de la maison, qui était ordinairement un long corridor, conduisant aux appartemens; un hermès, ou une statue d'Apollon Loxias, ou un autel à ce dieu, ornait cette entrée; de petits corps de bâtimens, voisins de la maison, étaient destinés aux étrangers. Il paraît que les maisons grecques n'avaient qu'un seul étage; le pavé était un ciment très-dur; le toit était une plateforme entourée de balustrades, et les jours y étaient pris plutôt que sur les côtés de la maison. (On peut voir le plan d'une maison grecque, dans l'Atlas du Voyage d'Anacharsis, et dans le plan des ruines de Pompeï, levé dans tous leurs détails, par M. Bibent, architecte).

35. Les *Romains*, qui vivaient dans un appartement commun avec leurs femmes, adoptèrent aussi pour leur maison, une distribution différente de celle des Grecs. La porte conduisait dans l'*atrium*, espèce de porche construit en carré long, d'après les proportions des différens ordres, et plus ou moins orné, selon la dépense qu'on y faisait; les appartemens étaient situés sur les deux côtés longs; au fond était le *tablinum* ou les archives, en le traversant on arrivait dans la cour entourée d'un portique, et où se trouvaient les salles à manger, à recevoir les visites, la bibliothèque, la galerie des tableaux et les bains; les ornemens en marbre n'y étaient pas épargnés. La maison de Lépide était la plus belle de Rome; les seuils des portes étaient en marbre de Numidie : à Athènes, les maisons de Thémistocle, celle d'Aristide, différaient peu de celle du plus pauvre citoyen. Les Romains donnèrent plusieurs étages à

leurs maisons, et pour prévenir l'insalubrité qui en résultait, Auguste borna leur hauteur à 70 pieds, que Trajan réduisit même à 60. Du reste, on comprend très-bien que l'on ne peut donner ici que des généralités sur des constructions où la variété des goûts et des fortunes dut en introduire beaucoup dans le plan, l'étendue, la richesse et la commodité des maisons. Ce fut dans leur *villa* ou maison de campagne, que les Romains déployèrent un luxe sans bornes; les objets d'art et les productions des peuples les plus éloignés, ajoutaient à la profusion des autres ornemens et à l'élégance des mosaïques, des stucs et des peintures : c'est dans la *villa* des empereurs ou des citoyens les plus riches, qu'ont été retrouvées les plus belles productions des arts de l'antiquité.

SECTION III.

Des temples.

36. Les temples étaient des édifices sacrés destinés au culte de la divinité : tous les peuples en ont élevé, et la piété qui les fonda

hâta les progrés de l'architecture, par le désir de rendre ces édifices plus dignes de leur destination. Les Egyptiens, si religieux et si fidèles aux dogmes fondamentaux et au culte primitif institué par leurs ancêtres, ont surpassé tous les peuples dans l'étendue et la magnificence de ces monumens publics; ils en avaient déjà d'anciens, quand l'oracle de Delphes n'habitait qu'une cabane de lauriers, et que le Jupiter de Dodone n'avait qu'un vieux chêne pour demeure.

37. *Egyptiens.* Le temple proprement dit, ou la *Cella*, était de forme carrée ou carré long; c'est là qu'habitait le dieu, représenté par son symbole vivant, que des esprits légers ou superstitieux ont pris pour la divinité même. Les rites religieux avaient réglé dans tous ses détails l'ordre du service des prêtres auprès de ces animaux sacrés, choisis et désignés d'après les signes extérieurs réglés par le rituel, et qui étaient embaumés après leur mort. La *Cella*, partie principale du temple, en est toujours la plus ancienne, et porte le nom du Pharaon qui l'a fait construire et dédiée. Les plans des divers temples de l'Egypte, figurés dans la *Description*

de cette contrée, rédigée par les savans français de l'expédition, montrent une grande
diversité dans leur ensemble, mais prouvent
une certaine uniformité dans les parties
principales. La description suivante du temple enfermé dans l'enceinte du palais de
Louqsor à Thèbes, donne une idée suffi-
sante de ce genre de construction chez les
Egyptiens.

38. *Temple de Louqsor.* Un pylone, ou
porte flanquée de deux espèces de tours carrées et en talus, long de 25 mètres, conduit
dans une cour ornée d'un portique sur trois
côtés, et formant un rectangle dont la longueur est exactement le double de la largeur.
Des piliers cariatides soutiennent le plafond
du portique; des deux côtés, les galeries latérales ont 8 pieds 9 pouces de largeur; le
portique du fond est formé aussi par quatre
cariatides, mais placées en avant de quatre
colonnes. La porte qui est percée dans ce
mur, est couronnée d'une corniche ornée
d'un globe ailé au-dessous duquel se montre
la tête du serpent Uræus; cette porte conduit
à un second portique, soutenu par deux
rangées de colonnes, dont les chapitaux ont.

la forme d'un bouton de lotus tronqué. Quelques sophites sont percées de trous carrés évasés en forme d'entonnoir renversé; c'est par là que la lumière pénètre dans ce second portique. Un petit avant-corps figure, sur le mur du fond, la façade d'un temple; une porte y est pratiquée, et donne entrée dans un sanctuaire de 8 mètres ½ de profondeur, sur 14 mètres de largeur et qui est éclairé par des soupiraux ouverts dans la partie supérieure; au fond, est un petit corps avancé, où l'on a pratiqué une niche qui servait à renfermer l'animal sacré, symbole du dieu adoré dans le temple. Sur les côtés, deux couloirs communiquaient avec ce sanctuaire, et l'escalier pratiqué dans l'un des deux, mène sur la plate-forme du temple. Il a dans son ensemble 160 pieds de longueur sur 76 de large, et ses murs sont entièrement couverts de sculpture en bas-relief dans le creux et coloriées. Ces dimensions sont à peu près celles des grands temples de l'Egypte; mais il en est plusieurs de proportions colossales, et celui-ci n'est qu'une partie du grand palais de Louqsor, dans un quartier de Thèbes.

39. *Grand temple du sud à Karnac.* Pour

donner au lecteur une idée approximative de ce qu'entreprenait la munificence des Egyptiens, et de leur piété envers les dieux, nous plaçons ici une description sommaire du grand temple, au sud des ruines de Karnac, autre partie de l'ancienne capitale de la Thébaïde et de l'Egypte.

Une allée de sphinx acroupis sur leur piédestal, au nombre de 600 environ de chaque côté, conduisait par une avenue de 2000 mètres, pavée en dalles, du palais de Louqsor au temple de Karnac; qu'on se figure l'avenue des champs élysées, à Paris, depuis l'arc de triomphe jusqu'à la place Louis XV, décorée de chaque côté de la route, d'une rangée de 600 sphinx placés sur des piédestaux de 16 pieds et demi de long sur 4 pieds 7 pouces de large. Une autre avenue, ornée de béliers placés de même sur des piédestaux, prolongeait la première sur une longeur de 165 mètres, ayant 58 de ces monolithes de chaque côté. La tête d'un bélier a 4 pieds et tiers de longueur, et le reste du corps est taillé sur cette proportion. Des arbres ombrageaient les abords du temple; une porte triomphale, isolée, se présentait d'abord; le mur d'enceinte s'appuie sur ses côtés; elle a 17 pieds 3 pouces d'ouverture, 36 pieds 3 pouces de profondeur, 64 pieds 7 pouces d'élévation, dont 44 pieds sous la plate-bande. Elle est en grès : sa corniche est ornée du globe ailé avec l'uræus ; le reste de sa surface à l'extérieur, à l'intérieur et au plafond, est couvert de sculptures coloriées et d'inscriptions hiéroglyphiques; l'enfoncement même où venaient se loger les battans de la porte, en est également orné. A 43 mètres de distance, on arrive au pylone ou entrée principale du temple; des béliers sur leurs piédestaux ornent encore cette avenue. Le devant de ce pylone avait, de chaque côté, quatre mats d'une grande élévation et portant des banderoles ; sa longueur est de 98 pieds; sa largeur de 31, et sa hauteur de 55. Il paraît que deux statues colossales décoraient cette entrée qui introduit dans une cour découverte, entourée d'un double rang de colonnes; leurs chapiteaux, en forme de lotus tronqués, sont surmontés de dés assez élevés qui portent l'entablement. Vient ensuite une salle de 74 pieds de large sur 40 de profondeur, et ornée de colonnes. Trois portes sont pratiquées dans le mur du fond; celle du milieu conduit à un sanctuaire isolé, et les deux autres à des petites salles dépendantes du temple. Une autre salle est aussi derrière le sanctuaire, et une porte conduisait encore à d'autres dépendances. Les murs et les colonnes sont chargés de sculptures coloriées; rien n'égale ailleurs cette profusion, et il n'est pas extraordinaire d'en mesurer 30,000 pieds carrés dans un temple égyptien.

Il manque à ces deux temples, les obélisques qui en ornaient l'entrée, et portaient le nom des princes qui avaient élevé, réparé ou augmenté ces édifices; car il ne faut pas perdre de vue que les grands monumens de l'architecture égyptienne sont le fruit du temps et de la piété de plusieurs rois qui ajoutaient de nouvelles salles, de nouvelles cours, des portiques, d'autres ornemens ou des murs d'enceinte à des temples commencés par d'autres rois : ainsi pour le temple de Karnac, dont nous venons de parler, le sanctuaire porte le nom de pharaon Ramsés-Phéron, fils de Sésostris, et 2e roi de la XIXe dynastie (1418 ans avant J. C.), et la porte triomphale est du règne d'un Ptolomée, dont le nom et celui de sa femme Bérénice sont plusieurs fois répétés sur ce magnifique monument : or plus de douze siécles séparent ces deux époques.

40. *Grecs*. Les temples, en Grèce, étaient très-nombreux; les villes en élevaient à leurs divinités tutélaires : Athènes à *Minerve*, Éphèse à *Diane*, Delphes à *Apollon*, etc. , et les habitans des campagnes, aux divinités champêtres. Les temples des Grecs n'égalèrent jamais l'étendue de ceux de l'Egypte : tel ne fut pas le goût de ce peuple; mais les arts qu'il perfectionna se montraient avec toute leur richesse dans leurs monumens religieux. On donna le nom de *Hiéron* à la totalité de l'enceinte sacrée qui renfermait le temple proprement dit, les habitations des prêtres, et des terrains quelquefois considérables. Le *Naos*, *Cella* ou temple proprement dit, avait ordinairement la forme d'un carré long ; quelquefois une cour, entourée d'un portique ou d'une colonnade, le précédait, comme au temple d'Isis à Pompeï, au temple de Sérapis à Pouzzoles, et au temple de Jupiter olympien à Athènes. Un portique, *area,*

entourait la *cella*, et celui-ci était plus ou moins vaste, selon la destination du monument. C'est là que le peuple s'assemblait, les prêtres seuls ayant le droit d'entrer dans le temple; le *Péribolos* ou cour entourée d'un mur, qui la séparait du reste des terrains sacrés, ajoutait encore à l'étendue de l'espace; il était ordinairement orné de statues, d'autels et autres monumens, même de quelques petits temples. Ceux des divinités tutélaires étaient, en général, sur le point le le plus élevé de la ville; ceux de Mercure, sur les marchés; enfin les temples de Mars, de Vénus, de Vulcain, d'Esculape, en dehors et près des portes; mais en cela on consultait d'abord les localités, et quelquefois les ordres des oracles ou les présages divins. En général, l'entrée des temples regardait l'occident, afin que ceux qui venaient faire des sacrifices fussent tournés vers l'orient, d'où la statue du dieu paraissait venir. La partie antérieure, en avant de l'entrée de la cella, s'appelait le *pronaos*, et la partie postérieure, s'il y en avait, le *posticum* ou *opisthodome*. Au-dessus de l'entablement des colonnes, s'élevait aux deux façades, un *fronton* en triangle obtus, nommé *Aétos* et *Aétoma* par les Grecs. La façade était toujours ornée d'un nombre pair de colonnes, c'est-à-dire de 4 (temple *tetrastyle*), de 6 (*hexastyle*), de 8 (*octastyle*), et de 10 (*décastyle*). Sur les côtés, ces colonnes étaient ordinairement en nombre impair, et comme la longueur du temple était communément le double de la largeur, il y avait 13 colonnes de côté pour la façade de 6, 17 pour celle de 8, en comptant deux fois les colonnes des angles. C'est ce que l'on remarque au petit temple de Pæstum, à celui de la Concorde à Agrigente, et au Parthénon d'Athènes ; des escaliers intérieurs conduisaient aux parties supérieures de l'édifice. La statue du dieu auquel il était consacré, en était l'objet le plus sacré, et l'ouvrage des plus habiles artistes. Les particuliers pouvaient placer à leurs dépens, soit dans le *naos*, soit dans le *pronaos*, des statues d'autres dieux ou de héros. On leur faisait également des sacrifices, et les autels étaient dédiés, par la piété des Grecs, à la divinité principale, et aux autres dieux adorés dans le même temple, ΟΕ ΟΙ ΣΥΝΝΑΟΙ. L'autel des sacrifices était placé devant la statue de la divinité principale ; quelquefois plusieurs autels se voyaient dans la même *cella*. Les murs intérieurs étaient chargés de peintures représentant le mythe du dieu, ou les actions des héros et des anciens rois. Enfin on déposait dans le trésor du temple, souvent placé dans l'*opistodome*, les riches offrandes, les dépouilles enlevées sur l'ennemi, qui étaient consacrées aux dieux par les rois, les villes, les généraux et les particuliers. Quelquefois aussi le trésor public était déposé dans le temple. Ces monumens présentaient les plus beaux modèles de l'architecture antique : l'ordre toscan et l'ordre dorique caractérisent les plus anciens, et l'ordre corinthien les plus élégans.

41. *Etrusques* ou *Toscans*. D'après ce que dit Vitruve du temple de Cérès, construit à Rome, auprès du grand cirque, par le dictateur A. Posthumius, l'an 260 de Rome, (494e avant J. C.), et qui fut démoli sous Auguste, les temples toscans ou étrusques avaient une figure oblongue ; la surface était divisée en deux parties dans le sens de la longueur ; celle de devant était pour le portique, et l'autre pour le temple proprement

dit, partagé en trois *cellæ*, celle du milieu pour Jupiter, ayant à droite celle de Mercure, et celle de Junon à gauche.

42 *Gaulois.* Malgré l'opinion de quelques archéologues, qui ont cru reconnaître dans des constructions antiques des restes de temples gaulois, il ne paraît pas que ces peuples en aient construit primitivement; il est vrai que des champs, entourés de grosses pierres brutes fichées en terre, ont été considérés comme des temples de ce peuple; tel est l'ensemble circulaire de Carnac en Basse-Bretagne. Les pierres qui la décrivent sont remarquables par leur volume, et l'ensemble de l'ouvrage annonce une intention manifeste et le travail de l'homme; mais l'on est encore fort divisé sur la nature et la destination de ce monument, et de quelques autres de formes analogues qui subsistent en divers lieux de la France.

43. *Romains.* Rome, disciple de la Grèce, l'imita, en général, dans la construction de ses temples, et ce qui vient d'être dit des temples des Grecs s'applique presque entièrement à ceux des Romains. Ceux-ci, toutefois, différaient essentiellement des premiers

dans la disposition des colonnes placées sur les côtés ; les Romains, en effet, comptaient, non les colonnes, mais les entre-colonnemens, et Vitruve assure qu'on en donnait à chaque côté deux fois autant qu'en avait la façade, de sorte qu'un temple romain qui avait 6 ou 8 colonnes sur le devant, en avait 11 ou 15 sur chaque côté. Le temple de la Fortune virile à Rome avait quatre colonnes de front et sept sur les côtés; ainsi le nombre des entre-colonnemens des côtés était double de celui de la façade. Mais on trouve des exceptions à toutes ces règles. La statue du dieu était aussi l'objet principal du temple ; un autel s'élevait devant elle ; on voyait aussi dans quelques temples plusieurs statues et plusieurs autels ; les temples des Romains avaient également des peintures ; l'an 450 de Rome (304 avant J. C.), Fabius en orna le temple de la déesse *Salus*, ce qui luï fit donner le surnom de *Pictor*, conservé par ses descendans. Des peintures enlevées aux temples de la Grèce furent placées quelquefois dans ceux de Rome.

44. *Les Grecs et les Romains* bâtirent aussi des temples de *forme circulaire*, si du moins

on considère comme des temples certains édifices de cette forme qui sont dans la baie de Pouzzoles; cette invention ne remonte pas très-haut dans l'histoire de l'art : ces monumens étaient couverts d'une coupole dont la hauteur égalait à peu près le demi-diamètre de l'édifice entier. Les temples étaient ou *monoptères* ou *périptères*, c'est-à-dire formés d'un rang circulaire de colonnes sans murs, ou bien d'un mur entouré de colonnes qui étaient distantes de ce mur de la largeur d'un entre-colonnement. Le *Philippeion*, ou rotonde de Philippe à Olympie, était périptère ; tels étaient aussi le temple de Vesta à Rome et celui de la Sibylle à Tivoli. Le Panthéon, à Rome, est monoptère, mais il offre cette singularité que son entrée est précédée d'un portique à huit colonnes; on y arrive par deux marches, et on doit remarquer qu'en général les temples des anciens étaient entourés de *gradins* qui leur servaient de base.

45. Les *temples étaient éclairés* de diverses manières : les circulaires *monoptères*, formés de colonnes sans murs, l'étaient naturellement ; les *périptères*, par des fenêtres prises dans le mur ou dans la voûte, quelquefois

par un percé ménagé dans la coupole ; on a aussi l'indication antique du mur d'un de ces temples, élevé seulement à la moitié de sa hauteur, qui est terminée par un treillis à compartimens et à jour. Les temples *qua-drangulaires* étaient éclairés selon leurs dimensions : les petits et les moyens, assez ordinairement par la porte seulement ; mais cependant on apercevait de dehors même la statue du dieu qui était en face ; la maison carrée de Nîmes, temple de moyenne proportion, puisqu'il a 80 pieds de longueur, n'était pas éclairé autrement. Les grands temples avaient des *jours de combles* par des fenêtres garnies de carreaux de pierre spéculaire, d'étoffes diaphanes, de peaux, de corne, etc. Quant aux temples à *cella* toute découverte, ou *hypætón*, selon l'acception ordinaire de ce mot, il n'en reste aucun exemple, et les plus doctes ne croient pas qu'il y en ait jamais eu. Les édifices qui ont cette apparence, n'ont jamais été achevés ; tel est le temple de Jupiter Olympien à Agrigente, et Diodore de Sicile en fait connaître les motifs.

SECTION IV.

Des Autels.

46. Leur forme est fort variée et dépend de leur destination, soit pour faire les libations, soit pour les sacrifices d'animaux vivans, soit enfin pour disposer les vases et les offrandes. Les autels votifs étaient souvent remarquables par leur simplicité, n'étant que d'une seule pierre taillée, plus ou moins ornée, et portant une inscription qui indiquait les motifs et l'époque de leur consécration, avec le nom de la divinité et celui du dévôt qui l'avait élevé. On en trouve beaucoup laissés par les Grecs et les Romains, et il ne faut pas les confondre avec les piédestaux de statues également consacrées par le zèle ou l'intérêt des particuliers ; les inscriptions votives se ressemblent beaucoup sur ces deux espèces de monumens ; mais on remarque assez ordinairement sur les piédestaux, des restes de soudure de la statue qu'ils portaient, ou les trous qui avaient servi à l'y fixer.

47. *Les autels égyptiens* sont des monolithes de forme conique tronquée, de 4 pieds

de hauteur, mais fort évasés ensuite à la partie supérieure, qui est ordinairement creusée en entonnoir terminé par une ouverture qui traverse la pierre dans toute sa longueur : la partie supérieure du contour pose sur une pointe de quelques pouces. On connaît des autels égyptiens en basalte vert et en granit ; le cabinet du Roi en possède un de la première matière ; son poli est parfait et des inscriptions hiéroglyphiques le décorent. Caylus, pl. 19 du tome 1er de son Recueil, donne la figure d'un autre dont les inscriptions hiéroglyphiques portent le nom du roi Psammétique. Il est rare, en effet, de trouver un monument égyptien d'un certain volume, dénué d'inscriptions ou de sculptures symboliques ; ce peuple était essentiellement écrivain ; il voyait toujours devant lui les temps futurs, et semblait s'attacher à leur arriver tout entier. L'indifférence des Grecs et des Romains pour les productions des arts de l'Égypte, l'a en quelque sorte conservée dans son intégrité à nos études et à notre admiration.

48. Les *autels grecs*, d'abord de bois, bientôt après de pierre, et quelquefois de métal,

sont en général remarquables par le goût qui a présidé à leur exécution. Les autels placés dans les temples étaient de diverses formes, carrés, ronds ou triangulaires, de brique ou de pierre; ils ne devaient pas être trop élevés, afin de ne pas cacher la statue du Dieu. Les autels destinés aux libations étaient creux, les autres massifs; on les ornait de feuilles et de fleurs d'olivier pour Minerve, de myrte pour Vénus, de pins pour Pan, etc.; les sculpteurs imitèrent ensuite ces ornemens, et la différence des feuilles, des fleurs ou des fruits qui les composent, indiquait exactement le dieu auquel ils furent consacrés. On y voit aussi figurer des têtes de victimes, des patères, des vases, et autres ornemens religieux, et sur les plus élégans, des bas-reliefs dont le sujet est relatif aux sacrifices; des inscriptions s'y lisent aussi fort souvent, et la langue dans laquelle elles sont écrites indique l'origine du monument.

49. Ce que nous venons de dire des autels grecs s'applique en général aux autels *romains*; les inscriptions latines caractérisent ces derniers; il ne faut d'ailleurs pas oublier que les Romains n'employèrent que des ar-

tistes grecs, et le goût de ceux-ci préside à tous leurs ouvrages.

5o. *Autels et temples gaulois*. On a voulu considérer comme des *autels* les monumens gaulois connus sous le nom de *pierres levées ;* mais, en ayant moi-même fait fouiller plusieurs, et ayant toujours reconnu dans ces fouilles tout ce qui constitue une sépulture, je ne puis les considérer que comme des tombeaux, et j'en parlerai en leur lieu. Quant aux *temples* gaulois, on a pris pour tels d'antiques constructions quelquefois souterraines, mais on est généralement d'accord qu'une pareille attribution ne mérite aucune confiance. (*Voyez* n° 42).

SECTION V.

Des colonnes et obélisques.

51. *Colonnes*. C'est un pilier cylindrique, quelquefois renflé à une certaine hauteur, et composé du *fût* ou corps de la colonne, d'une tête ou *chapiteau*, et d'un pied ou *base*. D'abord faites de bois, on les remplaça très-anciennement par toutes sortes de pierres dures. Les colonnes ne furent d'abord que des soutiens, mais le goût et le progrès des

arts les ornèrent ensuite, et la différence de ces ornemens et des proportions qu'on donna aux diverses parties de la colonne, constituèrent les divers ordres classiques qu'on a réduits à cinq ; ordres grecs : *dorique*, *ionique*, *corinthien* ; ordres romains : *toscan*, *romain* ou *composite*. Il reste des exemples de presque tous ces ordres ; les livres d'architecture apprennent à les distinguer. (*Voyez* Pl. I, fig. 2, 3, 4, 5, 6.) (1)

52. *Egyptiens.* La forme des colonnes véritablement égyptiennes, (fig. 1) antérieure à l'influence des Grecs, est très-variée ; elles sont cylindriques en général, et quelquefois à plusieurs côtés, plus ou moins déprimées à une certaine hauteur, et toujours chargées de sculptures et d'inscriptions hiéroglyphiques ; leurs proportions varient beaucoup ; elles n'avaient pas de base, ou du moins elle était peu sensible, et leurs chapiteaux sont variés à l'infini. Destinées à supporter de grandes masses, elles sont d'un très-grand diamètre par rapport à leur élévation ; cependant certains chapiteaux en bouquet de lotus ou en

(1) Voyez le *Traité d'architecture.*

campane, sont d'une élégance et d'une richesse extraordinaires.

53. *Grecs.* Le plus ancien ordre chez les Grecs fut le *dorique* (fig. 2), et c'est lui qui démontre pleinement l'origine égyptienne de l'architecture grecque. Il était court et massif comme les constructions les plus anciennes sur les bords du Nil, et réunit néanmoins une noble simplicité à beaucoup de grandeur. La colonne dorique avait d'abord beaucoup d'épaisseur et peu d'élévation ; elle approchait quelquefois de la forme d'un cône tronqué ; elle n'avait pas quatre diamètres inférieurs de hauteur ; on lui en donna ensuite un peu plus ; telles sont les colonnes des deux temples de Pæstum. On arriva à leur donner cinq diamètres et demi, et cette réforme remonte au temps de Périclès ; celles des propylées d'Athènes en ont près de six, et on les porta enfin à six diamètres et demi inférieurs, comme au temple de Jupiter Néméen entre Argos et Corinthe. Les Romains portèrent ces proportions jusqu'à 16 modules. La colonne *ionique* (fig. 3) a le caractère d'une beauté mâle et sévère. Elle eut d'abord pour hauteur huit diamètres, compris le chapiteau, et non la

base. Celles de l'*Érechtheum*, à Athènes, en ont neuf environ, et on les porta quelquefois jusqu'à dix. La colonne *corinthienne* (fig. 4) surpasse toutes les autres en élégance et en magnificence ; tous les charmes de l'art et du goût s'y montrent ordinairement. On lui donnait la même hauteur qu'à la colonne ionique ; son chapiteau seul avait plus d'élévation. Il repose sur une astragale qui lui sert de base et qui termine le fût de la colonne.

54. *Étrusques.* L'ordre *toscan* (fig. 5) leur appartient en propre. La hauteur de la colonne toscane, le chapiteau et la base compris, était égale à un tiers de la longueur de l'édifice, le diamètre inférieur était égal au septième de la hauteur, et la diminution du fût allait jusqu'au quart de ce diamètre. Telles sont les proportions données par Vitruve d'après le temple toscan de Cérès à Rome ; il n'en reste aujourd'hui aucun modèle. On a cru le retrouver à Pœstum et dans l'amphithéâtre de Véronne ; mais les proportions diffèrent sensiblement du toscan primitif dont il est ici question.

55. *Romains.* La colonne *composite* (fig. 6) appartient aux Romains ; elle est absolument

semblable à la colonne corinthienne, dont elle ne diffère que par l'addition des volutes ioniques au chapiteau. Le plus ancien exemple se trouve au temple de Mylasa, dans la Carie, consacré à Rome et à Auguste.

56. *Colonnes monumentales.* Elles sont de grandes proportions, et ont été élevées en l'honneur d'un prince ou d'un chef militaire. On connaît en ce genre la *colonne* dite de *Pompée*, à Alexandrie d'Égypte, et qu'une inscription latine annonce avoir été érigée par un préfet romain en l'honneur de l'empereur Dioclétien. Elle a 88 pieds 6 pouces d'élévation, et son fût est d'une seule pièce; il se rapproche de l'ordre ionique, et il est parfaitement profilé. Le chapiteau annonce le Bas-Empire. La colonne *Trajane* et la colonne *Antonine*, à Rome, revêtues de bas-reliefs historiques, et ayant un escalier à l'intérieur, ont servi de modèle à la colonne française de la place Vendôme à Paris.

57. *Colonnes milliaires.* On les trouve en France sur les anciennes voies romaines, du moins on en a recueilli plusieurs sur leurs bords, et quelquefois encore en place; une base carrée, prise dans le bloc, servait à les

fixer en terre de mille en mille pas; la colonne s'élevait hors de terre de plusieurs pieds, et une inscription latine indiquait le nom de l'empereur qui avait fait construire ou réparer la route sous son règne. Venait ensuite l'indication numérique de la colonne, qui donnait ainsi la distance en *milles* de la ville où la route commençait. Les chiffres sont précédés des lettres M ou M P, *milliarium*, ou *milliarium passuum*. Quelquefois on y lit même le nom de la ville d'où la distance était comptée. Une colonne trouvée à Saguenay en Bourgogne, sur la route de Langres à Lyon, porte : AND. M. P. XXII, *ab Andematuno milliarium passuum vigecisimum secundum*, *Andematunum* étant l'ancien nom de Langres. Ces colonnes milliaires marquant les distances en *milles*, existaient dans toutes les possessions romaines; mais dans les parties de la Gaule conquise par César, les distances étaient marquées en *lieues*, *leugæ*, sur ces colonnes. Il y en a une à Vic-sur-Aisne, du temps de Caracalla, qui porte : A B. AVG. SVESS. LEVG. VII, *ab Augusto-Suessonum leugæ septem; Augusto-Suessonum*, est l'ancien nom de Soissons, et Vic en est éloigné de

7 lieues gauloises, composées de 1500 pas romain chacune.

58. *Obélisques*. Ils sont faits d'une seule pierre à quatre faces, ordinairement d'une longueur remarquable, quelquefois extraordinaire, et dont l'épaisseur diminue de la base au sommet. Ils étaient placés sur un piédestal simple et carré, mais plus large que l'obélisque même. Cet ouvrage d'architecture est d'origine égyptienne; les Romains et les modernes l'ont imité, mais ils n'ont jamais égalé leurs modèles (fig. 7).

Égyptiens. Les obélisques égyptiens sont ordinairement de granit rose; des deux qui sont encore en place au palais de Louqsor, à Thèbes, l'un a 72 pieds de longueur, 6 pieds 2 pouces de côté à la base, et doit peser 352,760 livres; l'autre a 77 pieds d'élévation, 7 pieds 8 pouces de côté, et son poids est estimé à 525,236 livres. On en connaît qui ont plus de 100 pieds de longueur. Chaque face est ornée d'inscriptions hiéroglyphiques en creux, et le sommet se termine en pyramide dont les quatre côtés représentent des scènes religieuses, accompagnées aussi d'inscriptions. Les arètes des obélisques sont fort vives et bien dressées, mais leurs faces ne sont pas parfaitement planes, et leur légère convexité est une preuve de l'attention que les Égyptiens apportaient à la construction de ces monumens. Si les faces étaient planes, elles paraîtraient concaves à l'œil; la convexité compense cette illusion d'optique.

Les inscriptions hiéroglyphiques sont en ligne perpendiculaire; quelquefois il n'y en a qu'une au milieu de la largeur de la face, et souvent il y en a trois; la découverte de l'alphabet des hiéroglyphes par mon frère, a permis enfin de connaître la véritable nature et la destination des obélisques égyptiens sur lesquels on a tant écrit, et débité tant de fausses suppositions. L'inscription n'est qu'une commémoration du roi qui a fait construire le temple ou le palais duquel l'obélisque dépendait; on y indiquait encore si ce prince y avait ajouté des allées de sphinx ou de béliers, enfin l'érection des obélisques eux-mêmes. Tel est le sujet de l'inscription qui est au milieu de chaque face de l'obélisque, et quoique le nom du même roi et les mêmes circonstances soient répétées sur les quatre côtés, il existe dans les quatre textes comparés quelques différences, ou dans l'invocation des divinités particulières, ou dans les titres du prince, ou dans l'indication des ouvrages qu'il a consacrés aux dieux. Tout obélisque n'avait, dans sa première forme, qu'une seule inscription sur chaque face, et de l'époque même du roi qui l'avait érigé; mais un prince qui venait après celui-ci ajoutait une cour, un portique, une colonnade au temple ou au palais, faisait graver sur l'obélisque primitif, avec son nom, une autre inscription relative à ces accroissemens; ainsi, tout obélisque orné de plusieurs inscriptions est de plusieurs époques. Le pyramidion qui les termine représente ordinairement par ses sculptures le roi qui a érigé l'obélisque, faisant diverses offrandes au Dieu principal du temple et à d'autres divinités, quelquefois aussi l'offrande même de l'obélisque. Les courtes inscriptions des pyramidions portent le nom du roi, celui du Dieu, les paroles et la réponse des deux personnages. On sait donc par ces noms les noms des rois qui érigèrent les obélisques subsistans encore, soit en Égypte, soit ailleurs. Le plus ancien est celui de Saint-Jean-de-Latran à Rome; il porte le nom du roi Mœris, 5ᵉ roi de la 18ᵉ dynastie égyptienne, et qui régna vers l'an 1736 avant l'ère chrétienne. Les deux obélisques de Louqsor, dont il a été question plus haut, ont été élevés par le roi Ramsès III, 15ᵉ roi de la même dynastie (vers 1561); on en connaît de plusieurs autres Pharaons, et rien n'égale l'effet grandiose de ce genre de monument, qui témoigne si positivement de la puissance des arts en Égypte.

59. *Grecs.* Les Grecs ne firent point d'obélisques hors de l'Égypte; les rois macédoniens ou Ptolémées, qui régnèrent dans cette contrée depuis Alexandre jusqu'à Auguste, y élevèrent, terminèrent ou agrandirent plusieurs monumens, mais toujours selon les préceptes de l'Égypte. Les artistes égyptiens exécutèrent donc des obélisques pour ces princes grecs, mais ils ne s'écartèrent point, pas plus que dans les autres monumens, des coutumes antiques. Le style et les proportions égyptiennes s'y reconnaissent toujours, et les inscriptions sont également tracées en hiéroglyphes. L'obélisque trouvé à Philae avait été érigé en l'honneur de Ptolémée-Évergète II et des deux Bérénices, ses femmes, et placé

sur un socle portant une inscription grecque qui rapelle le motif et l'occasion de ce monument. Il est bien loin d'approcher des dimensions des obélisques pharaoniques ; son exécution n'a donné lieu d'ailleurs à aucune observation relative aux principes suivis jusque là par les artistes.

60. *Romains*. Après qu'ils eurent fait de l'Egypte une province romaine, ils la dépouillèrent de quelques-uns de ses obélisques Il en reste encore 13 à Rome, dont quelques-uns sont de l'époque même de la domination romaine en Egypte. Ainsi les Romains firent exécuter des obélisques en l'honneur de leurs princes; mais la matière et le travail des inscriptions les font aisément distinguer des obélisques plus anciens. L'obélisque Barberini est de ce nombre : il porte les noms d'Hadrien, de Sabine sa femme, et d'Antinoüs son favori. Il en est de même de l'obélisque de Bénévent, où se lisent les noms de Vespasien et de Domitien; ce dernier porte de plus le nom d'un Lucilius ; on lit celui de Sextus Rufus sur l'obélisque *Albani*, et l'on connaît deux préfets romains de l'Egypte qui furent nommés ainsi : c'étaient donc ces magistrats

qui faisaient exécuter dans ce pays, ces monumens en l'honneur des empereurs régnans ,
et qui les envoyaient ensuite à Rome. On
a aussi les fragmens de deux obélisques de
l'époque romaine, qui durent être semblables,
et être élevés en pendans, à l'entrée de quelque grand édifice. Enfin les Romains essayè-
rent de faire des obélisques à Rome même, et
tel est l'obélisque Sallustien qui est une mau-
vaise copie de celui de la Porte du Peuple ,
élevé jadis en Egypte en l'honneur du pharaon Achenchérès - Mandouéi, de la XVIIIe
dynastie, 1550 ans avant la réduction de l'E-
gypte en province romaine. Les empereurs
romains en Orient, firent transporter aussi des
obélisques égyptiens à Constantinople ; enfin,
on a trouvé aussi les fragmens de deux de ces
monumens à Catane en Sicile ; l'un des d'eux
est à huit pans ou faces, mais on ignore l'é-
poque à laquelle il peut remonter.

SECTION VI.

Des Pyramides.

61. *Pyramides.* Plusieurs peuples anciens
construisirent des pyramides. La forme en

est généralement connue ; elles ne diffèrent
qu'en ce qu'elles s'élèvent en gradins ou en
surfaces planes inclinées. Les plus célèbres
sont celles d'Egypte ; les Etrusques en élevèrent aussi, et les Romains les imitèrent.

Egyptiens. Toute l'antiquité a admiré les
pyramides des environs de Memphis. La
plus grande a 716 pieds de côté à la base,
et 428 pieds de hauteur verticale. On a cal-
culé, en la supposant solide, que les matériaux qu'elle contient suffiraient pour construire un mur de six pieds d'élévation et de
quelques pieds d'épaisseur, qui ferait le tour
de l'Espagne. Les pyramides de Memphis
sont exactement orientées ; on a beaucoup
discuté sur leur destination, mais il ne reste
plus de doutes aujourd'hui : les pyramides
étaient des tombeaux. On a reconnu dans
celles où l'on a pénétré, plusieurs chambres
et des couloirs de directions diverses ; elles
sont construites de pierres calcaires numis-
males, et la chambre principale de l'une
d'elles est en granit. C'est là qu'on a trouvé
le sarcophage où la momie était autrefois en-
fermée. L'entrée des pyramides était soigneusement cachée par le revêtement extérieur ;

à l'intérieur, les couloirs communiquaient quelquefois avec des puits et des souterrains très-profonds, creusés dans le roc même sur lequel la pyramide est élevée. Il paraît aussi que quelques-unes d'entr'elles furent revêtues à l'extérieur de stuc ou de pierres dures, et qu'on y avait sculpté des sujets religieux ou historiques, et des inscriptions hiéroglyphiques ; mais il n'en reste aujourd'hui aucune trace. Les environs de Memphis n'ayant point, comme ceux de Thèbes, de hautes montagnes où l'on pût creuser les hypogées et les tombeaux des rois, on édifia ces montagnes factices, et ceci explique leur véritable destination. D'après Manéthon, quelques-unes des pyramides de Memphis seraient les plus anciens monumens de l'Egypte, et remonteraient jusqu'à la sixième dynastie. La destruction des inscriptions qui les décoraient autrefois, ne permet pas de se fixer sur leur époque précise, mais on ne peut les attribuer qu'à la plus haute antiquité. M. Cailliaud a retrouvé aussi beaucoup de pyramides dans la Nubie, partout où il y a des monumens du style égyptien; leur forme est en général plus élancée que celle des pyramides de Memphis;

quelquefois un cordon forme leurs arêtes, et une niche se trouve vers leur sommet. L'absence des inscriptions laisse encore beaucoup de doute sur leur époque.

A l'imitation des rois, les particuliers se firent aussi des *pyramides*, mais *portatives*, c'est-à-dire ayant de 15 à 3o pouces de hauteur, avec ou sans niche, mais ornées de sujets funéraires sculptés, et d'inscriptions contenant le nom et les qualités du défunt dont elles accompagnaient la momie. On en voit de semblables dans plusieurs cabinets, et elles sont presque toutes tirées des environs de Memphis, les particuliers ayant aussi leurs chambres sépulchrales dans les montagnes de Thèbes. L'état physique de la haute et de la basse Egypte exigeait ces différences dans une contrée où, d'ailleurs, tout portait un cachet si uniforme (Voy. au n° 75 , Tombeaux égyptiens).

62. *Etrusques.* Ils construisirent aussi des pyramides. Selon Pline, le tombeau du roi Porsenna, auprès de *Clusium*, était formé de deux pyramides dont les sommets étaient réunis par une chaîne à laquelle pendaient

des clochettes que le vent agitait, et d[...] son était entendu au loin.

63. *Romains.* La pyramide de *Cest[...]* un ouvrage romain; c'était le tombeau [...] septemvir épulon, qui était ainsi nomm[...] Elle est en marbre de Paros; son inté[...] est une chambre ornée de belles pein[...] le pape Alexandre VII la fit restaurer[...]

SECTION VII.

Des Théâtres, Amphithéâtres, Cirques, [...]dromes, Naumachies, Bains ou Th[...], Arcs de triomphe.

64. *Théâtres.* Après les temples, les th[...] étaient, chez les Romains, les édifices p[...] les plus nécessaires. Mêlées au cul[...] dieux, les représentations scéniques n'a[...] rien de profane; le peuple s'assembla[...] au théâtre dans certaines occasions so[...] les. On les consacrait ordinairement B[...] chus, parce qu'on le regardait comm[...] venteur de la comédie; du moins, c'e[...] processions solennelles en l'honneur [...] dieu et de Cérès qu'on honorait par d[...]

joyeuses mêlées de déguisemens, qu'on rapporte son origine. Quelquefois le théâtre était bâti dans le temple même de Bacchus. Quant à l'Égypte, il ne reste aucune trace qui permette de lui attribuer l'usage du théâtre; la pompe des cérémonies religieuses suffisait à ses habitudes méditatives et à son esprit éminemment religieux.

65. *Grecs.* Les Grecs, à qui l'on doit l'invention du drame, construisirent aussi les premiers théâtres; des cabanes de branches d'arbres destinées à mettre les acteurs à l'abri du soleil, furent bientôt remplacées par des échafaudages en bois, dans les villes surtout, et enfin par des édifices remarquables par leur grandeur et leur magnificence. Ils donnèrent ainsi les premières règles à suivre dans la construction des théâtres, et leurs artistes enseignèrent à peindre et à décorer la scène. Le premier grand théâtre d'Athènes, celui de Bacchus, situé près d'un temple de ce dieu, fut creusé, au temps de Thémistocle, dans le flanc de l'Acropole, qui regarde le mont Hymète. Ceux d'Ægine, d'Épidaure et de Mégalopolis, l'emportaient sur tous les autres par leur étendue et leur ma-

gnificence. Les Grecs de l'Asie-Mineure suivirent à cet égard les exemples des Grecsd'Europe et des Siciliens. La disposition générale
des theâtres était d'être construits sur la pente
d'une montagne, afin de pouvoir établir plus
solidement les siéges des spectateurs; les siéges
de côté étaient appuyés sur une forte maçonnerie qui venait s'unir à la scène. La
forme était celle d'un demi-cercle. A la base
était un bâtiment transversal divisé en trois
parties ; là était la scène proprement dite ;
l'orchestre était placé entre elle et les gradins ; ceux-ci s'élevaient l'un derrière l'autre
en demi-cercles concentriques. Quelquefois
ces gradins étaient divisés en deux et trois
étages ; c'est ce que Vitruve appelle *præcinc-
tio*. On les distribuait en plusieurs sections
séparées par des escaliers qui formaient
comme des rayons aboutissant vers l'orchestre. Les siéges compris entre deux escaliers
formaient ainsi une espèce de *coin ;* aussi les
spectateurs qui arrivaient trop tard étaient-
ils *excuneati*, hors des *coins*, où ils se tenaient
debout. Deux grandes entrées latérales conduisaient à l'orchestre, où aboutissaient les
escaliers des gradins. Chaque étage de gra-

dins avait aussi quelquefois des entrées particulières. Du reste, on se conformait aux
localités pour rendre l'entrée et la sortie
aussi commodes qu'il était possible. Les siéges étaient assignés selon des règles particulières et les classes diverses des citoyens. Les
agonothètes ou juges, occupaient la première
rangée avec les magistrats, les généraux et
les prêtres. Derrière eux étaient les jeunes
gens, et enfin les autres citoyens et le peuple.
Les riches y faisaient apporter des coussins
et des tapis. A Athènes, les femmes n'assis-
taient pas aux spectacles; elles y étaient ad-
mises à Lacédémone. Comme les théâtres
des anciens n'étaient pas couverts, on éten-
dait au-dessus une grande toile, teinte de
couleur pourpre, et quelquefois très-ornée;
d'un côté, elle était attachée à des mâts placés dans l'orchestre et de l'autre aux murs.
On rafraîchissait l'enceinte par de l'eau mêlée de parfums qu'une pompe foulante pous-
sait dans des tuyaux d'où elle s'échappait en
pluie très-fine. On sait jusqu'où les anciens
ont porté le luxe et le goût du théâtre, et
tout ce qu'ils imaginèrent pour le perfection-
ner. Il paraît qu'ils renforçaient la voix des

acteurs au moyen de vases de bronze ou de terre en forme de cruche, appelés *échea*, et disposés entre les siéges dans des niches faites pour cet usage. Par leur conformation, ils rendaient toutes les consonnances depuis la quarte et la quinte jusqu'à la double octave. Vitruve assure que Lucius Mummius enleva les vases de ce genre qui étaient au théâtre de Corinthe.

66. *Etrusques*. Ils aimaient beaucoup le spectacle; il se mêlait aussi aux pratiques de la religion, et ils y associaient la musique et la danse. Ils cultivèrent trois genres, le tragique, le comique et le satyrique. Les pièces *atellanes*, qui appartiennent au dernier, ont été célèbres à Rome même. Elles prirent leur nom de celui de la ville d'*Atellæ*, capitale des Osques, où on les inventa. Les jeux scéniques étaient connus et pratiqués par les Étrusques avant de l'être par les Romains. On voit encore à Adria, à Volaterra et à Eugubium des restes de théâtre; celui d'Adria était bâti en briques.

67. *Romains*. Ce qui vient d'être dit des théâtres chez les Grecs, s'applique en général aux théâtres des Romains. On peut ajouter

seulement que les Romains ont surpassé les
Grecs par la grandeur et la magnificence de
ce genre d'édifices. Ils en bâtirent dans presque toutes leurs villes, même dans les provinces conquises; plusieurs villes de France
en conservent encore des restes considérables, telles que Orange, Arles, etc. Pompée
fit bâtir à Rome le premier théâtre de pierre;
depuis l'an de Rome 391, (363 avant J.-C.),
ces édifices étaient en bois. Les sénateurs occupaient l'orchestre depuis Scipion l'Afri-
cain; le préteur avait un siége un peu plus
élevé; les chevaliers obtinrent ensuite, sous
Pompée, les quatorze premières rangées de
siéges; derrière eux étaient les jeunes gens
des familles éminentes, le reste pour le peuple, et derrière les derniers rangs, les femmes.
Les soldats étaient séparés des citoyens.

68. *Amphithéâtres*. Les amphithéâtres furent particuliers aux Romains; ce fut Caius
Scribonius Curio qui fit construire le premier édifice de ce genre; c'étaient deux théâtres réunis, en bois, qui tournaient horizontalement avec les spectateurs en place;
on enlevait la scène, et les deux théâtres rap-
prochés par la base des demi-cercles, for-

maient l'*amphithéâtre* ou théâtre double. Statilius Taurus, ami d'Auguste, en fit élever un en pierre dans le Champ de Mars, et depuis, ce genre d'édifices publics se multiplia. La forme elliptique fut généralement adoptée ; le sol se nommait l'*aréne*, parce qu'il était couvert de sable : des gradins s'élevaient tout autour, et ils pouvaient contenir jusqu'à 80,000 spectateurs. C'était là que se donnaient les combats des gladiateurs et des bêtes féroces : elles étaient enfermées dans des loges, *carceres*, qui étaient au niveau de l'arêne ; au-dessus, était une galerie où se plaçaient les spectateurs les plus distingués : les siéges ou gradins s'élevaient de là jusqu'au sommet du mur, et dans une disposition semblable à celle des théâtres. Les portes des avenues voûtées se nommaient *vomitoria ;* à l'extérieur, les amphithéâtres étaient divisés en plusieurs étages, ornés d'arcades, de colonnes et de pilastres. Le *colysée* de Rome est un amphithéâtre bâti par Titus. On en voit dans plusieurs villes de France, à Arles, Fréjus, Saintes, Autun et Nîmes ; c'est ce qu'on appelle *les arénes* dans cette dernière ville.

69. *Cirques.* Autre genre d'édifice particu-

lier aux Romains, et qui ressemblait au *stade* ou *stadion* des Grecs, également destiné aux jeux des athlètes. Le milieu du *stadion* était libre, celui du *cirque* était occupé par une *spina* qui se prolongeait dans le sens de sa longueur. Les Romains y donnaient d'abord les courses à cheval ou de chars, et ensuite les combats des gladiateurs, des bêtes féroces, les combats simulés, etc. Le *circus maximus* de Rome fut élevé sous le règne de Tarquin l'Ancien ; des siéges en gradins étaient placés dans le pourtour, et chaque *curie* avait sa place marquée, ainsi que les sénateurs et les chevaliers. Le sol enfermé dans l'enceinte se nommait *area* ; César la sépara des gradins par un *euripus* ou fossé, afin que les spectateurs ne fussent pas exposés aux atteintes des animaux qui brisaient quelquefois la grille en bois placée en avant du fossé. Trois portiques formaient sur trois côtés, l'enceinte générale ; le premier soutenait les siéges en pierre; le second, les siéges en bois placés derrière les autres, et le troisième, le plus élevé, ornait l'extérieur, et contenait les passages nécessaires et les entrées pour parvenir aux siéges. Les *carceres* ou *celles*, logeaient les chars, les chevaux et les bêtes féroces destinés au cirque ; elles étaient sur un côté du cirque, numérotées et disposées en diagonales, de sorte qu'elles étaient toutes à une égale distance de l'*aréa;* un mur long, mais peu élevé, orné d'autels et de statues, la partageait en deux portions, c'était la *spina.* A une certaine distance des *carceres* et à l'opposite, était une *meta* ou borne, autour de laquelle les concurrens devaient passer sept fois. Un obélisque ornait quelquefois le milieu de la *spina,* et un petit édifice de 4 colonnes décorait ses deux extrémités ; enfin les bornes ou *metæ* se composaient de trois cônes placés sur le même piédestal, et terminés en forme d'œuf. La porte triomphale était du côté opposé aux *carceres.* On trouvera dans la description de la mosaïque de Lyon, représentant les jeux du cirque, et publiée par mon savant ami M. Artaud, les autres détails relatifs à ce genre d'édifices : Rome en avait plusieurs de cette espèce.

70.. *Naumachies.* Combats simulés de vaisseaux. Ce genre de spectacle plaisait beaucoup aux Romains; les naumachies avaient lieu le plus souvent dans les cirques ou les amphi-

théâtres. Des canaux souterrains y conduisaient l'eau nécessaire ; d'autres servaient à
la faire écouler. Ces deux opérations se faisaient sous les yeux des spectateurs, et dans
quelques minutes. Quelquefois on creusait le
terrain pour une naumachie; on le remblayait
après. L'empereur Claude transforma le lac
Fucin en naumachie, en faisant placer tout
autour des siéges pour les spectateurs. Les
provinces imitèrent en ceci la capitale de
l'empire ; on a reconnu des restes de naumachie à Metz et à Saintes : l'*area* était pavée afin de mieux retenir l'eau.

71. *Hippodromes* ; étaient destinés , chez les
Grecs et les Romains, aux courses à cheval et
des chars, pour disputer des prix. Le terrain de
l'hippodrome était précédé d'une enceinte où
les combattans se rassemblaient; elle perdait
peu à peu de sa largeur, en se rapprochant
du terrain où elle finissait en éperon de na-
vire ; des remises étaient pratiquées sur les
deux côtés, et quand on baissait les cordes ,
tous les concurrens allaient se placer sur la
même ligne. L'hippodrome proprement dit ,
avait la forme d'un carré long ; à l'extrémité
était la borne qu'il fallait atteindre, et elle était

posée de telle sorte, qu'il ne pouvait passer près d'elle qu'un char à la fois; une tranchée d'une pente douce régnait auprès du terre-plain qui la portait, afin que celui qui suivait un char, s'il venait à se briser, pût y descendre, remonter et se rapprocher de la borne. La musique accompagnait ces exercices; les juges étaient assis là où la course se terminait, et les spectateurs se plaçaient le long d'un mur à hauteur d'appui, qui formait l'enceinte. L'hippodrome d'Olympie avait 4 stades de longueur et un de large; il y en avait deux à Constantinople, et il paraît, d'après la dissertation de feu M. Heyne, qu'ils renfermaient beaucoup de monumens. Les quatre chevaux de Venise en ont été tirés; on voit aussi à Thèbes d'Egypte, dans les ruines de Médinet-Abou, les restes d'une construction qui a la forme d'un hippodrome, mais on ne connaît pas l'époque de sa construction. Son étendue est sept fois celle du Champ de Mars à Paris.

72. *Bains* ou *Thermes*. Edifices publics ou particuliers, d'un usage général dans toute l'antiquité. Les plus complets étaient composés de six pièces : 1° l'*apodyterium* des

Grecs, *spoliatorium* des Romains, où l'on se déshabillait : les gardes, nommés *capsarii*, avaient soin des habits ; 2° le *loutron* des Grecs, *frigidarium* des Romains, où l'on prenait les bains froids ; 3° le *tepidarium*, lieu tempéré, qui prévenait le danger du passage trop subit d'un endroit très-chaud dans un autre qui était très-froid ; 4° la *sudatio* ou *laconicum*, cellule ronde, surmontée d'une coupole, qui tirait son second nom de celui du poële qui l'échauffait et qui venait de la Laconie : au haut de la coupole, était une ouverture qu'un couvercle de bronze fermait à volonté ; des tuyaux conduisaient la chaleur au degré nécessaire ; 5° le *balneum* ou bain d'eau chaude ; une galerie, appelée *schola*, régnait tout autour ; la *piscina* ou bassin était au milieu, quelquefois aussi des baignoires, *labra*, *solea*, *alvei*, enchassées dans le pavé ; 6° l'*eleothesium* ou *onctuarium* : on y conservait les huiles et parfums dont on se servait au sortir des bains, comme avant d'y entrer ; 7° l'*hypocaustum* ou fourneau souterrain, distribuait la chaleur partout où elle était nécessaire, et à divers degrés. Des statues, des bas-reliefs et des peintures ornaient les bains des

Grecs et des Romains : le Laocoon a été trouvé dans les bains de Titus ; et l'on comprend que toutes ces dispositions étaient soumises, soit aux localités, soit à la dépense que pouvaient faire ceux qui faisaient construire les bains. On y employait des briques et des pierres ; de petits piliers et de petites colonnes faisaient partie des constructions souterraines. On a trouvé, dans beaucoup de villes de France, des ruines de bains romains, notamment dans les lieux où sont les eaux thermales.

73. *Arcs de triomphe*. Ce genre de monumens fut particulier aux Romains ; il consiste en de grands portiques élevés à l'entrée des villes, sur des rues, des ponts ou des chemins publics, à la gloire d'un vainqueur, ou en mémoire d'un événement mémorable. Les plus simples n'eurent qu'une seule arcade, ornée de colonnes toscanes ou doriques : tel est l'arc de Titus à Rome ; celui de Vérone est à deux arcades, et paraît avoir servi de portes à la ville. Dans ceux à trois arcades, les deux arcades latérales sont plus petites que celle du milieu ; tel est l'arc d'Orange. Les arcs de triomphe de ce genre sont cou-

ronnés par un attique très-élevé, qui portait des inscriptions, quelquefois des bas-reliefs, et supportait aussi des chars de triomphe, des statues équestres, etc. Ses archivoltes étaient ornées de victoires portant des palmes; des bas-reliefs représentaient les armes des ennemis vaincus, des trophées de tout genre, et même les monumens des arts qui avaient orné la marche du triomphateur. Quand celui-ci passait sous le portique du milieu, une figure de la victoire, attachée par des cordes, déposait une couronne sur sa tête. Lorsqu'un arc de triomphe n'est qu'un monument de reconnaissance, et n'a pas été élevé à la gloire d'un vainqueur, on n'y remarque aucun vestige de trophées ni de symboles militaires. On connaît un assez grand nombre d'arcs de ces deux genres, et ce qu'on vient d'en dire suffira pour ne pas confondre deux espèces de monumens analogues, qui avaient une destination différente. L'architecture et la sculpture y déployaient toutes leurs richesses; les figures de ces portiques, gravées au revers des médailles romaines, nous en donnent une haute idée. La France conserve les restes de plusieurs arcs de triomphe romains; on les voit à Saint-Remi, Cavaillon, Carpentras, Orange, Reims, Saint - Chamans, Saintes; ces deux derniers étaient construits sur le pont de chacune de ces villes.

SECTION VIII.

Des Tombeaux, Momies, Cercueils, Figurines, Papyrus, Tumuli, Pierres gauloises, etc.

74. *Tombeaux*. Les honneurs rendus aux morts étaient plus profondément associés aux idées religieuses des anciens qu'à celles des modernes. Aussi nous est-il parvenu un grand nombre de monumens funéraires des premiers, de formes très-diverses; quelques-uns sont d'une simplicité extrême : tels sont ceux des Gaulois; d'autres sont le produit de tous les arts qui les ont embellis de toutes leurs magnificences : tels sont les tombeaux des Egyptiens; d'autres enfin, ceux des Grecs et des Romains, sont des chefs-d'œuvres de sculpture et d'architecture et les inscriptions qui les accompagnent, très-souvent des modèles de précision, et l'expression des plus beaux sentimens.

75. *Egyptiens.* Les *pyramides* étaient des tombeaux (V. ce mot, n° 61). Ces monumens étaient la dernière demeure des rois et des grands personnages de leur famille ou de l'état, et particuliers à la Basse-Egypte. Dans la Haute, d'immenses excavations dans les montagnes de la Thébäide reçurent leurs restes mortels, et l'on sait avec quelle magnificence ces tombeaux des rois étaient travaillés et ornés. Leur entrée, soigneusement fermée, était souvent indiquée par un simulacre de portique taillé sur le flanc de la montagne. Un grand nombre de couloirs, quelquefois coupés par des puits profonds et des salles, quelques-unes très-spacieuses, conduisaient enfin, et par des issues souvent déguisées, à la grande chambre où était le cercueil, ordinairement de granit, de basalte, ou d'albâtre. Les parois de l'excavation entière, ainsi que le plafond, étaient couverts de sculptures coloriées et d'inscriptions hiéroglyphiques où le nom du roi défunt était souvent répété. On y figurait ordinairement toutes les cérémonies funéraires, la pompe même de l'inhumation, la visite de l'âme du mort aux divinités principales; ses offrandes

à chacune d'elles, enfin sa présentation par le dieu qui le protégeait au dieu suprême de l'*Amenthi* ou enfer égyptien, et son apothéose. Rien n'égale la grandeur de ces ouvrages et la richesse et la variété de leurs ornemens ; les figures, quoiqu'en très-grand nombre, sont quelquefois de grandeur colossale ; souvent aussi les scènes de la vie civile se mêlent aux représentations funéraires ; on y voit les travaux de l'agriculture, les occupations domestiques, des musiciens, des danseurs et des meubles d'une richesse, d'une élégance admirables ; aux plafonds sont ordinairement des sujets astronomiques ou astrologiques. On trouvera dans la relation du voyage de l'infortuné Belzoni en Egypte, la description du tombeau qu'il a ouvert dans les environs de Thèbes ; c'est celui du roi Achencherrés-Ousiréi, ou Pétosiris, le Busiris des Grecs, douzième roi de la XVIIIe dynastie, et qui régna vers 1597 avant l'ère chrétienne. Belzoni, qui avait reconnu une entrée encore intacte à la suite de la troisième salle, pénétra ainsi jusqu'à la sixième, bien convaincu que le tombeau n'avait pas été violé ; mais le cercueil, en albâtre, était ouvert, son couvercle brisé ; on y avait pénétré par un couloir souterrain qui aboutissait à cette salle, et qui paraissait avoir son issue sur le flanc de la montagne opposé à celui où était l'entrée. Le nombre des tombeaux de ce genre était de 47 selon les anciens ; il n'en existait plus que 17 sous-les Ptolomées, et quelques-uns de ceux-ci avaient déjà été violés du temps de Diodore de Sicile. Il paraît que les Arabes les ont cherchés avec beaucoup de soin, et qu'ils ont pénétré dans la plupart, ainsi que dans les pyramides, où l'on voit des inscriptions Coufiques qui ne permettent pas d'en douter.

76. Les simples particuliers étaient inhumés selon leur rang et leur fortune. Leur tombeau, également creusé dans la montagne, se composait d'une ou de plusieurs salles : la dernière contenait le cercueil et la momie. Voici la description d'un tombeau de ce genre, nouvellement découvert. On parvenait à la première salle par un puits de plusieurs pieds de profondeur ; l'entrée était sur un côté de ce puits ; on n'a rien trouvé dans cette première chambre, que des débris qui prouvent qu'elle avait été autrefois visitée ; mais une seconde porte, dont l'ouverture ,

très-peu élevée au-dessus du sol, était cachée
par ces débris amoncelés, donna entrée dans
une seconde salle absolument intacte ; elle
avait 8 pieds dans un sens et 10 dans l'autre ;
au milieu était un triple sarcophage en bois ,
entièrement peint en dedans et en dehors,
et portant de nombreuses inscriptions hiéroglyphiques; dans le cercueil intérieur, le plus
petit des trois, était la momie du mort. Vers
la tête, on a trouvé les offrandes qui lui
avaient été faites : la tête et l'épaule d'un
bœuf, deux plats comblés de légumes cuits
ou de pâtes, plusieurs amphores de vin qui
s'est évaporé, et quelques pièces d'étoffes de
coton ou de laine. A droite et à gauche du
cercueil, étaient des figures en bois, d'environ
2 pieds de hauteur, figures de la femme et de
la fille du mort, lui apportant ces offrandes
dans un coffret chargé sur leurs têtes, et une
amphore à la main; à côté de chacune d'elles
était une barque de deux pieds de longueur :
au milieu de la première barque, est un baldaquin destiné à recevoir la momie; en atten-
dant, des femmes lavent la tunique du mort:
l'une fait la lessive dans une grande jarre ,
l'autre lave la tunique sur une planche incli-

née; d'autres figures, toujours en bois, se livrent à des occupations analogues. Sur l'autre barque, la momie est déjà transportée sous le baldaquin; la femme et la fille du mort, éplorées, et les cheveux couvrant leur visage, sont inclinées sur la momie, avec l'expression de la plus vive douleur, et seize matelots, la rame à la main, sont prêts à commencer le voyage de la momie à travers le lac qui va la transporter dans l'amenthi. On sent que ces scènes pouvaient être variées à l'infini; mais ce qui vient d'être dit donne une idée complète de certaines sépultures particulières. D'ailleurs la distribution des Egyptiens en castes subordonnées, devait avoir réglé les droits des morts comme ceux des vivans, et la fortune de chacun ou l'attachement de ses héritiers, déterminaient encore la richesse de ces maisons funéraires, les seules de l'antiquité, et que les Egyptiens considéraient comme si importantes; leurs croyances religieuses portant toute leur attention vers ces demeures éternelles, d'où la curiosité des modernes les arrache avec tant de zèle et d'empressement.

77. *Momies humaines.* L'usage, ou bien le dé-

faut de terrain pour les cimetières, et aussi les excavations faites dans les montagnes pour l'extraction des matériaux employés dans les immenses monumens de l'Égypte, firent que tous les morts y étaient *momifiés*. Mais l'état du défunt et la dépense qu'il pouvait faire, décidaient encore de son sort. Les pauvres étaient seulement desséchés par le sel ordinaire ou par le natrum, enveloppés dans des toiles grossières et placés ainsi dans les câtacombes. Le corps des grands personnages était au contraire l'objet de soins minutieux et entouré de riches ornemens. Des embaumeurs de diverses classes et dont chacun avait des attributions spéciales, étaient chargés d'extraire le cerveau par le nez au moyen de petites pinces appropriées à cet usage, les entrailles et les viscères principaux au moyen d'une incision faite sur le côté ; le corps était ensuite épilé, lavé et livré à l'action des sels qui desséchaient les muscles et toutes les parties charnues. Les cheveux étaient frisés ou tressés, et après l'expiration des délais déterminés par des réglemens sévères, surtout à l'égard des corps de femmes, l'embaumement commençait, et voici ce que l'examen d'un grand nombre de momies m'a appris. La tête était remplie jusqu'à moitié du Baume le plus parfait ; quelquefois on remplaçait les yeux naturels par des yeux d'émail, et on dorait la figure entièrement. Le ventre reprenait sa proéminence en le bourrant d'herbes sèches ou de coton, et en y mêlant du baume. On y mettait aussi quelquefois des figurines en terre émaillée ; un scarabée a été trouvé sous l'oreille droite d'une momie ouverte chez M. Durand, à Paris. Le corps entier était plongé dans le baume. On enveloppait ensuite, avec des bandelettes d'étoffes plus ou moins fines, chaque doigt des pieds et des mains, quelquefois après en avoir doré les ongles ; on a vu aussi que chaque doigt était enfermé dans un étui en or. On laissait encore de riches colliers et des bagues à certaines momies. Les bandelettes couvraient ensuite chaque membre séparément, et enfin le corps tout entier ; et, au moyen de serviettes, d'écharpes, de tuniques quelquefois hors de service, on tâchait de rendre à la momie ses formes naturelles et proportionnées. La tête était l'objet de soins particuliers : j'ai trouvé sur le visage

d'une momie plusieurs doubles de mousse-
line très-fine; le premier était d'abord collé
sur la chair, les autres sur celui-là, et au-dessus de tous une couche de plâtre qui conservait les traits de la figure et était couverte
d'une feuille d'or; les yeux y étaient peints;
du plâtre très-fin, coulé à l'intérieur de ce
masque, a donné le portrait du mort et
jusqu'au relief des sourcils. Ces masques
sont quelquefois seuls au-dessus des bandelettes, et embrassent toute la tête jusqu'à la
poitrine. Un collier s'y rattache ensuite, formé
de grains et de cylindres de verroterie, différens de couleurs et entremêlés de figures
de divinités en terre émaillée et plates, attachées aussi au collier. Au-dessous est le
devant d'une tunique de même matière, où
les couleurs sont également très-variées, mais
de manière à former des dessins réguliers de
scarabée, de globe ailé, etc., et une inscription hiéroglyphique perpendiculaire. Les
singularités et la variété qu'on remarque
dans l'arrangement des momies sont infinies.
Au lieu de collier et de tunique d'émail, on
trouve plus ordinairement un cartonnage
qui enveloppe toute la momie en forme de

gaine; ce cartonnage, de papier ou de toile, est très-solide et recouvert par une couche de plâtre sur laquelle on a appliqué des peintures et même des dorures. Ces peintures sont relatives aux obligations de l'âme, à ses visites à diverses divinités, et l'inscription hiéroglyphique perpendiculaire qui est sur le milieu contient le nom du mort, quelquefois celui de ses père et mère, et ses titres et qualités. Le cartonnage enveloppe souvent la momie toute entière, et il est rapproché par derrière au moyen d'un lacet. Ainsi arrangée, la momie était déposée dans le cercueil.

78. Les *cercueils de momies* sont ordinairement de bois de sycomore ou de cèdre, et même de cartonnage. Il est d'une seule pièce; des peintures le couvrent en dedans et en dehors; elles représentent des scènes funéraires, et le nom du mort y est souvent répété. L'âme fait ses offrandes à chaque divinité, et il y a à cet égard une variété de sujets qu'on ne peut indiquer ici en détail. Le couvercle, également d'une seule pièce, est aussi couvert de peintures analogues, quelquefois en dedans et en dehors, et sur sa partie supé-

rieure, le visage est en relief, peint, quelquefois doré ; une barbe tressée est attachée au menton quand la momie est celle d'un homme ; l'absence de cet appendice indique les momies de femmes. Un grand collier et des symboles couvrent la poitrine, une inscription perpendiculaire est au milieu et des scènes funéraires sur les côtés. Ce cercueil est quelquefois enfermé dans un second et celui-ci dans un troisième d'assez grande dimension ; ils sont également couverts de peintures et d'inscriptions. Ces cercueils, ainsi terminés, étaient déposés dans les chambres sépulcrales, où on les trouve encore. Diverses offrandes étaient placées tout auprès, et quelquefois des simulacres d'instrumens de la profession du défunt, des coudées s'il était architecte, des palettes s'il était scribe, etc., enfin des figurines et des vases.

79. Les *vases* nommés *canopes* par les amateurs, étaient au nombre de quatre, de matières plus ou moins précieuses, selon la qualité du défunt, et placés auprès de son cercueil. Il y en a en simple argile, et en albâtre oriental zôné de la plus grande beauté. Ces quatre vases forment une série complète ;

les viscères principaux de la momie y étaient déposés, pliés d'abord dans un linge et noyés ensuite dans le baume. Les canopes ont une forme de cône renversé ; les quatre de la même série ou du même mort, sont égaux en hauteur et en grosseur, mais les quatre couvercles diffèrent tous entre eux ; ils figurent une tête de femme, une tête d'épervier, une tête de schakal et une tête de cynocéphale. Un cartouche carré tracé sur leur panse, contient plusieurs colonnes perpendiculaires d'hiéroglyphes qui expriment l'adoration du mort à chacune des quatre divinités dont les symboles ornent les couvercles, et le nom du mort qui la leur adresse. Une inscription au pinceau remplace quelquefois l'inscription gravée en creux. Il est rare de trouver réunis les quatre vases de la même série bien complets.

80. Les *figurines* offertes en hommage aux morts, sont dé celles qu'on rencontre en si grand nombre dans les tombeaux ; elles sont en bois et peintes, en pierre ou en terre émaillée, avec des inscriptions en creux. On retrouve le même nom du défunt sur toutes celles qui sont dans la même sépulture, et jetées sur

le sol autour du cercueil. On en a remarqué
où le nom du défunt est encore en blanc, ce
qui autorise à croire que ses parens et ses
amis se procuraient de ces figurines chez les
fabricans; la prière funéraire pour le repos
de l'âme y était déjà tracée; il n'y manquait
que le nom du mort; on l'ajoutait et on déposait ce témoignage de regret auprès de lui.
Ici le luxe trouvait encore moyen de se montrer; quelquefois aussi ces figurines étaient
déposées dans des caisses divisées en cases où
elles étaient amassées. Ces caisses, qui sont
peintes, ont de deux pieds environ de longueur et la moitié de hauteur; un couvert à
coulisse ferme l'ouverture de chaque case.

81. *Papyrus*. On a trouvé dans quelques
momies des manuscrits sur papyrus, de lon-
gueurs et de hauteurs très-variables. La dé-
votion des morts ou des vivans nous a transmis ces restes précieux de la littérature égyptienne, et les manuscrits de ce genre ont été
les premiers connus des modernes, parce
qu'ils devaient être les plus nombreux, les
seuls d'ailleurs dont la conservation fût as-
surée par l'usage même qu'on en fit. Ces
rouleaux de papyrus se trouvent dans le cer-

cueil ou sous les bandelettes même des momies ; entre leurs cuisses, sur la poitrine ou
sous leurs bras. Il y en a qui sont mêlés à
l'embaumement, et d'autres qui ont été d'a-
bord embaumés, c'est-à-dire fermés dans un
étui cylindrique en baume durci, qu'il faut
d'abord ouvrir pour en tirer le papyrus. On
en connaît un qui a jusqu'à 66 pieds de longueur ; il est au musée de Turin. Celui du
cabinet du Roi, à Paris, n'a que 22 pieds ;
la longueur des autres varie jusqu'à deux ou
trois pieds. Celui de Turin peut être considéré comme complet. Dans tous, le haut de
la page est occupé par une ligne de figures
des divinités que l'âme visite successivement.
Le reste est rempli par des colonnes perpendiculaires d'hiéroglyphes qui sont les prières
que l'âme adresse à chaque dieu ; vers la fin
du manuscrit est peinte la scène du jugement.
Le grand dieu est sur son trône ; à ses pieds
est un énorme crocodile femelle, la gueule ouverte ; derrière, la balance divine, surmontée
d'un cynocéphale emblême de la justice uni-
verselle ; les bonnes et les mauvaises actions
de l'âme sont pesées en sa présence ; Thôth
écrit le résultat. D'autres scènes, ordinaire-

ment d'agriculture, ornent les pages de ce manuscrits ; les papyrus de ce genre sont le *Livre funéraire* égyptien, et plus ou moins complet selon que le mort pouvait faire plus ou moins de dépense ; peut-être même selon que, par son rang , il avait plus ou moins d'obligations à remplir envers Dieu ; car dans l'opinion des Égyptiens , les rois avaient à les remplir toutes, et les grands plus que les simples particuliers : l'extrait du rituel général pouvait donc être déterminé selon le rang et l'étendue des devoirs. On trouve aussi beaucoup de ces rituels écrits , non en hiéroglyphes , mais en caractères *hiératiques* , ou tachygraphie des signes hiéroglyphiques. Les premiers représentent toujours des objets pris dans la nature ou dans les arts humains , et les seconds ressemblent à des caractères alphabétiques et ne conservent que rarement des formes analogues aux hiéroglyphes : la ligne de figures qui occupe le haut de la page , fait toujours distinguer ces extraits du rituel , de tous les autres genres de manuscrits. Ils donnent un grand intérêt aux momies , mais il n'y a aucun moyen de reconnaître si une momie en renferme ou non ; le plus sûr, c'est de l'ou-

vrir, toutes les fois que la beauté des peintures dont elle est ornée, et qu'il faudrait
sacrifier, ne le défend pas. Toutefois on peut
attaquer par derrière les cartonnages peints,
en retirer la momie, la fouiller et la remettre
en place; il n'y a là aucun dommage pour
l'art, et l'amateur peut souvent recueillir des
objets d'un grand intérêt. La plupart des
corps ainsi dépouillés, se conservent long-
temps; mais cette espèce de squelette couvert de sa peau est d'un aspect hideux qui
satisfait la curiosité, mais qui ne peut être pu-
bliquement exposé dans un cabinet.

82. *Tombeaux grecs.* Les Grecs honorèrent
aussi la mémoire des morts par des monumens
publics. Ceux des fondateurs des villes et ceux
des héros étaient dans l'intérieur des murailles, et les autres en dehors. A Sparte, une
loi de Lycurgue permettait cependant d'en-
terrer les morts autour des temples et dans
la ville. Les plus anciens tombeaux des Grecs
étaient des *tumuli* ou monticules factices; on
en voit encore dans la plaine de Troie, qui
ont été décrits par Homère. Plus tard, un
simple cippe, ou colonne tronquée, entouré
d'arbres verts, s'élevait au-dessus de la sé-

pulture, et une inscription rappelait le nom et les titres du défunt. Le luxe se mêla aussi à ces commémoraisons, et il reste encore des monumens funéraires, où l'architecture et la sculpture ont déployé de grandes perfections. Les tombeaux élevés aux frais du trésor public, à des citoyens illustres, étaient les plus remarquables. Ceux des simples particuliers ne sont ordinairement que d'une seule pierre, dont la forme approche de celle des autels isolés; mais le contenu de l'inscription et l'emblême, ne permettent pas de les confondre. On distingue par ces mêmes moyens les tombeaux des chrétiens; ceux-ci portent une ou plusieurs croix dans leurs ornemens, accompagnées quelquefois du monogramme du Christ (le X surmonté d'une croix), avec ou sans les lettres A et Ω, allusion aux paroles du Christ lui-même. Comme l'usage de brûler les morts était très-ancien dans la Grèce, leurs cendres étaient déposées dans une urne qui était placée dans le tombeau; ces urnes, de matières, de formes et dimensions diverses, portent aussi quelquefois des inscriptions qui expliquent leur usage.

83. *Dans la grande Grèce*, les tombeaux

étaient construits dans la terre en pierres de taille, et cette enceinte était couverte en dalles formant · un toit. Le mort y était déposé terre, ses pieds tournés vers l'entrée ; on plaçait à côté de lui, ou on suspendait aux murs par des clous de bronze, des vases peints, de diverses grandeurs, et c'est dans ces tombeaux qu'on a recueilli les beaux vases grecs peints qui font l'ornement de nos cabinets.

84. *Les Étrusques* creusaient dans le roc vif, des grottes peu profondes, composées quelquefois de plusieurs pièces, mais ayant en général la forme d'une croix. Les murs de ces grottes étaient souvent couverts de peintures relatives aux funérailles et à l'état de l'âme après la mort ; le corps du défunt était déposé sur le sol ; une porte fermée en défendait l'entrée, et une ouverture à la voûte, remarquée dans quelques-uns de ces tombeaux, y laissait introduire un peu de lumière. On connaît aussi des vases d'argile ronds et terminés en pyramide, et ayant une petite ouverture, qui étaient de véritables urnes cinéraires ; on les découvre dans la

Campanie au-dessous de plusieurs couches de laves.

85. *Les Gaulois* rendirent aussi de grands honneurs aux morts. Imbus par leurs Druides du dogme de l'immortalité de l'âme, ils espéraient aussi son retour dans le corps qu'elle avait d'abord animé, et malgré l'intervalle qui nous sépare de ce peuple, ses monumens funéraires existent encore en grand nombre dans les provinces du centre de la France. Ils sont de deux espèces.

86. Les *Tumuli*, ou monticules factices. J'en ai fouillé plusieurs, et j'ai reconnu que le sol était nivelé d'abord ; on le couvrait de dalles brutes, rapprochées le mieux qu'il était possible; le corps était placé dessus, et souvent il conservait quelques-uns des ornemens qui lui avaient servi durant la vie, tels que colliers en matières communes auxquelles on avait donné la forme d'œufs striés, de disques, etc., bracelets, poignards et autres armes ; des ossemens d'animaux se trouvent aussi mêlés à ces débris, enfin des vases de terre noire grossièrement travaillés. Tout cela était recouvert de pierres plates s'élevant en forme de toit circulaire et pyramidal, et

enfin enveloppé de pierres et de terre où se formait un gazon épais. L'élévation de ces monticules est très-variable; le temps les a abais-
sés, mais il en existe encore de 3, 5 et 10
pieds de hauteur depuis la base. On en connaît même de dimensions dix fois plus considérables, et qui annoncent un personnage
éminent. Le meilleur moyen de les fouiller
est de faire une tranchée de 2 pieds sur leur
plus grand diamètre, et avec plus de précautions à mesure qu'on s'approche du centre. Ces tombeaux sont souvent très-voisins
l'un de l'autre, et il paraît aussi que les *pierres fichées* étaient une dépendance des plus
considérables.

87. On appelle *pierres fichées*, des pierres
plates de moins de 1 pied d'épaisseur, larges de 1 à 4, et longues de 10 à 20 et
au-delà, qui sont plantées en terre par leur
extrémité la plus large; ordinairement, et
dans les pays où l'inclinaison des couches des
rochers est verticale, on enfonçait ces pierres entre deux de ces couches, et engagées
par leur propre poids, elles y sont encore
debout. Elles sont brutes et sans aucun travail ni ornement; j'en ai vu une semblable

près d'un grand tumulus auquel elle servait comme de signal. Lorsqu'on les trouve absolument isolées, il est possible que le tumulus ait disparu. Il n'y a pas encore long-temps que les paysans allaient, pendant la nuit, oindre ces pierres avec de l'huile et les entourer de fleurs.

88. *Pierres levées.* Cette autre espèce de monumens gaulois est très-commune en France; des énormes pierres plates et longues sont placées de champ, et parallèlement dans la terre à 3 ou 4 pieds. de distance; à l'une des deux extrémités, une autre pierre ferme cette sorte de chambre, et une autre les couvre toutes trois. On a voulu y reconnaître des autels gaulois, mais celles que j'ai fouillées ne permettent pas de douter qu'elles ne fussent des tombeaux. A peu de profondeur, on trouvait bientôt des ossemens humains, des débris d'ornemens, des armes de silex, de serpentine ou de bronze, et des ossemens de petits animaux qui pouvaient y avoir été enterrés avec le mort. On y a trouvé aussi quelquefois, à côté des pierres du tombeau, des os de cheval et d'autres grands quadru-pèdes. Le plus remarquable des monumens

de ce genre est celui qu'on appelle *pierre martine*, dans la commune de Livernon, près Figeac, département du Lot. La pierre supérieure a 22 pieds et demi de long, 9 pieds 2 pouces de large, et près de 2 piéds d'épaisseur. Cette masse énorme repose sur les deux autres pierres parallèles ; elle est en équilibre sur leur renflure, et il suffit de la moindre pression avec un doigt pour lui donner un mouvement d'oscillation qui se prolonge assez long-temps. (Statistique du département du Lot, par M. Delpon, ouvrage manuscrit, couronné par l'Académie des sciences, en 1821.)

89. *Momies gauloises.* On appelle ainsi des corps desséchés, trouvés en Auvergne dans le siècle dernier. Ils ne portent cependant les traces d'aucune préparation balsamique ; ils sont entourés de linges, et paraissent avoir été ensevelis avec quelques soins. Peut-être leur conservation est-elle due à la nature du sol, plutôt qu'à un embaumement dont on ne connaît que ces deux exemples. Ces momies gauloises sont déposées au cabinet d'anatomie comparée du Jardin du Roi.

90. Les *Romains* appelaient *sepulcrum* les

tombeaux ordinaires, et *monumentum* l'édifice consacré à la mémoire d'une personne sans aucune cérémonie funèbre; de sorte que le même mort pouvait avoir plusieurs *monumens*, et dans des lieux divers, mais ne pouvait avoir qu'un seul *tombeau*. Les tombeaux romains sont très-divers, quelques-uns étaient des tours à plusieurs étages; tel est celui de Saint-Remi en Provence; et deux tours également funéraires ont été récemment démolies à Aix dans la même province. Les tombeaux les plus communs sont un *cippe* en pierre, plus ou moins considérable, plus ou moins orné, ordinairement de forme quadrangulaire, et portant sur sa face principale l'inscription latine qui rappelle les noms, les titres et la filiation du défunt. Les inscriptions funéraires commencent ordinairement par les lettres D. M., *Diïs manibus*, suivies des prénoms, nom et surnoms du mort, au génitif et au datif; assez souvent ces signes D. M. manquent, et alors les noms et titres du mort sont au datif. On y lit aussi quelquefois son âge, en années, mois et jours, et le nom du parent, de l'affranchi ou de l'ami qui a posé le monument sur la tombe du défunt. Lorsqu'il était enfermé dans un sarcophage l'inscription était gravée sur la partie antérieure de la cuve. On trouve dans les inscriptions de ce genre, beaucoup de données précieuses sur la propriété des tombeaux; on y voit tantôt qu'il ne doit point servir à l'usage des héritiers, H. M. H. N. S.: *Hoc monumentum hæredes non sequitur;* ou bien encore, H. M. AD. H. N. TRANS., *Hoc monumentum ad hæredes non transit;* et tantôt jusqu'où l'on portait les précautions pour que le tombeau subsistât toujours malgré le changement de propriétaire du sol. Ceci s'appliquait surtout aux tombeaux *particuliers*, car chacun pouvait avoir le sien; les tombeaux de *famille* étaient ceux que le chef faisait construire pour lui, ses enfans, ses proches et ses affranchis; enfin un espace dont l'inscription indiquait l'étendue, était sacré comme le tombeau, et suivait sa destination. Après que le corps était brûlé, les cendres étaient enfermées dans une *urne cinéraire*, vase de toute matière et de formes variées, avec ou sans inscriptions; on en voit dans toutes les collections, et quelquefois aussi, au lieu de l'urne, on employait au

même usage des coffrets de marbre ou d'argile, ornés de symboles ou de bas-reliefs analogues, et l'inscription funéraire indique assez
clairement leur véritable objet. Les urnes de
la même famille étaient quelquefois déposées
dans un local préparé à cet effet, occupant
un assez petit espace, et contenant néanmoins
les cendres d'un grand nombre de corps. Ses
murs intérieurs étaient percés de plusieurs
étages de petites niches cintrées, et dans chacune on plaçait et on scellait une ou plusieurs urnes, jusqu'à quatre au plus; des inscriptions gravées ou attachées dans l'intérieur des niches indiquaient le nom et les
qualités du défunt : c'est ce que les Romains
appelaient un *columbarium*, nom tiré de l'aspect intérieur de l'édifice et de la similitude
des niches avec les trous où les *pigeons* font
leurs nids. Gori et Bandini ont donné de savantes descriptions du columbarium des affranchis de Livie. Quand le défunt, mort à
la guerre ou sur mer, n'avait pas reçu les
honneurs de la sépulture, on lui élevait un
cénotaphe, tombeau vide, avec des honneurs
et des cérémonies réglés par les lois ; ces
cénotaphes portaient les mêmes ornemens

que les sarcophages et les tombeaux. Quant aux inscriptions funéraires, partie essentielle de ce genre de monumens, nous en traiterons plus au long dans la section relative aux inscriptions romaines.

SECTION IX.

Voies publiques, Camps et Aqueducs romains.

91. *Voies publiques ou militaires.* Des relations suivies entre les hommes et les peuples de divers pays, firent bientôt sentir la nécessité des *voies publiques*, chemins ou routes. Tous les peuples en construisirent, mais avec plus ou moins de solidité et de perfection. On a trouvé en Egypte des routes et des chaussées construites avec beaucoup de soins; mais il ne paraît pas que les Grecs se soient occupés à donner aux voies publiques les dispositions qui en rendirent ailleurs l'usage utile et commode. Hérodote dit qu'à Lacédémone, ce soin était dévolu aux rois, et les grands chemins sont au nombre des objets que Strabon dit avoir été négligés par les Grecs; aucun peuple n'égala donc les Romains dans ce genre d'établissemens publics.

92. *Voies romaines.* Leurs restes, et ils sont assez nombreux en France, excitent encore par leur solidité, l'admiration des voyageurs. *Appius Claudius,* l'an 442 de Rome (311 ans avant J. C.), fit construire la première voie pavée, depuis la porte Capène jusqu'à Capoue ; elle porte encore le nom de *Via appia* ou *Voie appienne.* Les routes principales qui traversaient les Gaules, sont, 1° la *Via aurelia* de Civitta-Vecchia (*Forum Aurelii*) à Arles ; 2° celle d'*Emporium*, près des Pyrénées jusqu'au passage du Rhône; 3° la *Via domitia* de Domitius Ahenobarbus, qui traversait la Savoie et la Provence ; 4° celle qui fut construite par Pompée, et qui se prolongeait de l'Italie dans les Gaules à travers les Alpes ; 5° la voie militaire par le Val d'Aoste, aboutissant à Lyon ; 6° sa prolongation par Agrippa, conduisant dans l'Aquitaine par l'Auvergne, au Rhin près de l'embouchure de la Meuse, à l'Océan par la Bourgogne et la Picardie, et la quatrième à Marseille. Rome était le point central auquel toutes les routes aboutissaient par de nombreux embranchemens qui réunissaient ainsi les provinces les plus éloignées. On peut consulter à ce sujet,

et pour les directions et pour les distances, l'Itinéraire d'Antonin, la carte romaine publiée par Peutinger, et surtout l'ouvrage de Bergier sur les grands chemins de l'empire romain. Auguste donna un soin particulier à l'établissement des grandes routes (V. Colonnes milliaires, au n° 57); il y plaça des messagers et ensuite des courriers. Les Romains affectaient de donner à leur route une direction droite, et d'éviter les sinuosités, en comblant les endroits trop bas, abaissant les élévations, perçant les rochers et les montagnes, et édifiant des ponts. Deux sillons indiquaient d'abord la largeur de la route; on enlevait tout le terrein-meuble sur cette surface, et cette excavation jusqu'au terrein solides était comblée par des matériaux de choix jusqu'à la hauteur déterminée pour la route, selon qu'elle était dans la plaine, la montagne ou des terreins marécageux. Bergier cite des voies romaines en France, qui s'élèvent jusqu'à 20 pieds au-dessus du sol. La plus basse couche, le *statumen*, se composait de moëllons plats noyés dans le mortier; la seconde, appelée *radus*, était un blocage de pe-

tites pierres mêlées de mortier ; la troisième,
le *nucleus* ou noyau, se composait d'un mélange de chaux, de craie et de terre franche
battues et corroyées ensemble, quelquefois
aussi de gravier et de chaux, et c'était dans
cette troisième couche qu'était placée la quatrième, le *summum dorsum* ou *summa crusta*,
composée de cailloux ou de pierres plates taillées en polygones irréguliers ou équarries à
angles droits. Quand on ne plaçait pas la quatrième couche ou le pavé, la surface était un
mélange de gravier broyé et de chaux ; quelquefois les Romains substituaient la terre franche à ce mortier, mais ils donnaient le même
nombre de couches fortement massivées avec
des pilons ferrés. Les bords des chemins élevés étaient soutenus par des murs de revêtement. La largeur ordinaire des grandes voies
romaines était de 60 pieds, et divisée en trois
parties ; celle du milieu, un peu plus large, était
bombée et pavée, les deux parties latérales
étaient couvertes de gravier ; on en connaît
cependant qui n'avaient en tout que 14 pieds
de largeur. On voyait sur les grandes routes,
des temples, des arcs de triomphe, des *villæ,*

et surtout des monumens funéraires, qui rappelaient aux voyageurs le souvenir des hommes illustres ou des événemens mémorables.
On sent aisément que l'importance des communications réglait principalement la direction et la construction plus ou moins parfaite
des routes romaines. Ce qui vient d'être dit
suffira pour en faire reconnaître les vestiges,
et une tranchée qui mettra à jour les différentes couches, sera encore la plus sûre indication pour les archéologues.

93. *Camps romains, camps de César.* On
donne cette dernière dénomination à des
camps retranchés qui remontent à une assez
grande antiquité. Ces camps sont assis sur des
points élevés ou appuyés d'un côté sur une
rivière, ou bien entourés de vallées profondes
qui leur servaient de défense. Si quelque côté
était inaccessible par sa pente, on n'y faisait
aucun travail ; sur les autres on élevait des
retranchemens de plusieurs pieds, défendus
par un fossé, et aussi des terrassemens en dos
d'âne. On y ménageait les issues nécessaires
aux communications extérieures. L'état des
murs et des travaux servent, en général,

à caractériser ces camps et à reconnaître leur époque. A en croire certains écrivains, il en existe un assez grand nombre en France, mais on ne doit pas donner à tous le nom de camp de César; ce chef militaire ne les a pas fait construire tous, et les généraux qui lui succédèrent dans la Gaule, se trouvèrent souvent dans la même nécessité. Il faut aussi distinguer les camps romains de ceux que d'autres peuples construisirent aussi dans les Gaules à des époques postérieures. On trouve dans ceux qui sont réellement d'origine romaine, des débris d'armes et des médailles; c'est le signe le plus certain de leur véritable temps, et l'on ne doit pas oublier que la nature du lieu où ils étaient assis, ses pentes et ses directions, eurent une influence inévitable sur la forme et les dimensions des camps des Romains. On ne saurait donc en assigner de générales.

94. *Aqueducs.* Ils furent inconnus aux Grecs, et les Romains multiplièrent ce genre de construction, à Rome et dans toutes les provinces. Les aqueducs étaient *apparens* ou *souterrains* Ceux-ci, qui traversent quelquefois des espaces considérables et des rochers, contenaient

des tuyaux en argile ou en plomb, marqués très-souvent ou du nom du potier, ou des noms des consuls, et ces tuyaux sont ronds ou semisphériques. Les tuyaux antiques sont très-communs en France, et prouvent, par les soins apportés à leur fabrication, ceux que les Romains donnaient aux aqueducs même particuliers, les tuyaux s'emboîtant très-exactement l'un dans l'autre par des feuillures très-régulières. Les *aqueducs apparens* étaient construits à travers les plaines et les vallons, et composés de trumaux ou pieds droits et d'arcades. Au-dessus était le canal également construit en maçonnerie, et enduit sur ses trois faces d'un ciment très-dur ; ces aqueducs étaient simples, doubles ou triples, selon qu'ils étaient composés d'un seul, de deux ou trois étages d'arcades ; ce qu'on appelle *le pont du Gard*, près de Nîmes, est un aqueduc de cette troisième espèce. Il est sur une seule ligne ; mais le plus ordinairement, ceux surtout qui s'étendaient à plusieurs milles, forment de fréquentes sinuosités rendues nécessaires soit par la surface du sol qui les porte, soit par la nécessité de ralentir l'impétuosité de l'eau sur la même pente. On voit les ruines d'aqueducs romains sur plusieurs points de la France, à Arcueil, à Metz, à Lyon, etc. : un aqueduc antique près de Vienne (Isère), vient d'être restauré et rendu à sa destination primitive.

Deuxième Division.

MONUMENS DE SCULPTURE.

~~~~~~~~~~~~~~~~~~~~~~~~~~~~~~~~~~~~~~~

SECTION PREMIÈRE.

Style particulier à chaque peuple.

95. LES monumens antiques, produits de la sculpture, sont tellement nombreux et variés, ils se trouvent si fréquemment à la portée de ceux qui les recueillent, ils abondent tant dans les cabinets publics et particuliers, qu'ils sont l'objet le plus ordinaire de l'attention et des recherches de l'archéologue. Les *statues* de grandeur naturelle ou colossale, les *figures* de proportions moindres, et les *figurines* quelquefois très-petites, enfin les *bustes* et les *bas-reliefs* qui nous sont venus de l'antiquité classique, se retrouvent partout, et leur multiplicité même rend leur étude plus compliquée et plus difficile. Le premier pas à faire dans cette étude, la plus importante des notions qui s'y rapportent,
~~~~~~~~~~~~~~~~~~~~~~~~~~~~~~~~~~~~~~~

et la plus nécessaire, c'est de distinguer d'abord avec certitude si la figure qu'on examine est un ouvrage égyptien, étrusque, grec, gaulois ou romain, et cette distinction repose entièrement sur la connaissance approfondie du *style* particulier et spécial à chacun de ces peuples. Nous devons donc en exposer ici les traits principaux.

96. *Style égyptien*. Dans le nu (*Pl. I*, fig. 8), les lignes droites ou peu courbées dominent dans le contour général de la figure ; la tête ronde par derrière, a les traits de la figure très-saillans; les oreilles s'élèvent au-dessus des yeux, ceux-ci sont très-fendus, et les lèvres saillantes; l'attitude est roide et gênée ; le visage a une expression naturelle, celle d'un portrait ; les bras sont pendans et d'une longueur souvent disproportionnée; la poitrine et les épaules sont sensiblement larges ; le buste est quelquefois un peu long, et la taille étroite au-dessus des hanches ; les cuisses et les jambes sont très-allongées , les genoux , les chevilles du pied et les coudes très-sensibles ; les extrémités des mains et des pieds mal terminées, les doigts d'une longueur outrée; les os et les muscles sont faiblement ex-

primés, les nerfs et les veines ne le sont pas
du tout. Voilà les caractères principaux pour
les figures nues; le nombre de celles qui sont
en *gaîne* (fig. 9), comme une momie, est bien
plus considérable que celui des figures nues ou
vêtues. Dans celles qui sont en gaîne, les caractères de la tête, les yeux bien fendus, et
la hauteur des oreilles, servent à indiquer leur
véritable origine. Ces caractères sont les plus
ordinaires et ceux de tous les ouvrages qui
ne sont pas dûs aux meilleurs artistes de la
belle époque, et dans ceux-ci encore, ces caractères, quoique corrigés en ce qu'ils ont de
trop exagéré, se font aussi remarquer. Le
siècle de Sésostris (1450 avant l'ère chrétienne), est cette belle époque, et l'on connaît une statue de ce roi, en granit noir, de
6 à 7 pieds de hauteur, dont le travail et
l'exécution ne laissent rien à désirer sur sa
beauté et la pureté des formes : elle contredit
ouvertement ceux qui n'accordent à l'Egypte
qu'un art sans imitation. Ils en connurent
donc toutes les ressources ; ils ne l'élevèrent
pas jusqu'à *l'idéal*, le but même de l'art s'y
opposait, car il ne faut pas oublier que l'E-
gypte ne le cultiva pas pour lui-même et

comme un moyen par lequel le génie de l'homme peut manifester sa puissance, mais seulement comme capable de reproduire, par l'imitation et le grandiose, les objets qui concouraient au culte des dieux et à l'illustration nationale. On sait aussi que l'art égyptien a produit les plus grands monumens connus, des colosses de plus de 60 pieds de hauteur, et dont l'aspect offre dans leur ensemble une harmonie qui ravit et charme l'imagination. Les Egyptiens ont travaillé les matières les plus dures comme les plus molles, le granit brèche et la cire ; les principaux métaux, l'or, l'argent, le bronze, le plomb, etc. ; les pierres fines de toute espèce, la cornaline et le lapis. Enfin ils ne firent pas des statues comme monument de l'art destiné à ses progrès, une statue, un obélisque avait une destination toute religieuse, et dépendait d'un temple, d'une catacombe ou d'un tombeau ; et rien n'égale l'esprit et le vrai avec lesquels les Egyptiens ont figuré les animaux de tous les règnes de la nature. Il y avait donc là un art savant, réflechi, se proposant un but déterminé, et non pas une grossière manœuvre dépourvue de goût et de règles. Nous insistons sur ce point, parce qu'il n'est pas rare d'entendre professer le contraire, et nous ajoutons que l'artiste qui a si habilement terminé le portrait d'un belier, d'un lion, leur tête, leur corps et leurs griffes, aurait également bien terminé une main ou un pied humain, s'il l'avait voulu. Mais la statue d'un dieu, d'un roi n'était que comme un membre de la phrase générale, qu'exprimait le temple dont elle dépendait, et quand le caractère principal de cette expression particulière avait reçu le type essentiel, le dieu, sa forme et ses attributs, le roi, la ressemblance et ses insignes, le corps, les pieds et les mains importaient peu à l'intelligence de l'idée qu'ils concouraient à manifester; l'artiste pouvait donc les négliger un peu sans manquer le but que l'art lui-même s'était proposé. L'étude approfondie des monumens égyptiens confirmera de plus en plus ces nouveaux aperçus; les caractères principaux de leur sculpture, exposés au commencement de cet article, suffiront pour faire reconnaître leurs ouvrages qui sont infiniment variés, et qui ont reproduit une quantité infinie d'objets naturels. Ces caractères se retrouvent dans tous les ouvrages de l'art égyptien, à toutes ses époques, depuis la plus haute antiquité jusqu'au Bas-Empire ; seulement ils se dégradent peu à peu depuis la domination des Grecs et des Romains en Egypte ; mais on les reconnaît encore, quoiqu'affaiblis, dans les derniers ouvrages ; des sectes religieuses s'appliquèrent même à les conserver dans leurs talismans, dès les premiers siècles du christianisme.

97. *Style étrusque.* Ses caractères principaux sont aussi, d'après les plus anciens monumens de ce peuple, les lignes droites, l'attitude roide, l'ébauche imparfaite des traits de la figure, le défaut de proportions dans les membres qui sont ordinairement si minces, qu'ils ne donnent aucune idée de chair ni de muscles, de sorte que leur contour n'a aucune ondulation; la forme des têtes est un ovale rétréci vers le menton qui se termine en pointe; les yeux sont ou droits ou relevés, et toujours parallèles à l'os supérieur. Il ne reste aucun ouvrage égyptien aussi informe. Il est vrai que nous parlons ici des ouvrages des Etrusques, et que nous ne savons pas comment l'Egypte commença. Les bras des

figurines étrusques sont pendans et serrés le long du corps ; leurs pieds sont parallèles ; les plis des draperies sont marqués avec un simple trait, et quand la figurine est nue, les parties sexuelles sont enfermées dans une bourse attachée sur les hanches : c'est ce qu'on appelle le *premier style* (fig 10). Le *second* reconnaît à quelques perfectionnemens essentiels, à une expression forte des traits du visage et des membres, sans que la roideur et la gêne de la pose aient disparu; les muscles et les os sont indiqués durement, au gras de la jambe surtout, et en général toute l'expression est outrée; c'est tout l'opposé de l'aisé , du gracieux et du moelleux. Ces caractères sont communs à toutes les figures du second style, et pour reconnaître les personnages mythologiques qu'elles représentent, il faut avoir recours à leurs attributs; car Apollon est fait comme Hercule. Presque toutes les figures mâles portent la barbe; les mains sont contraintes , les doigts roides, les yeux monstrueux , les physionomies d'une nature commune, et les diverses parties du corps mal assemblées. Les cheveux tombent par

tresses , et les draperies sont indiquées par
des plis parallèles, droits ou en travers; quelquefois, sur les figures de femmes, les man-
ches des tuniques sont plissées très-finement.
Quant au *troisième style*, il est dû à l'influence
des Grecs,et il se rapproche beaucoup de leurs
pratiques, sans en égaler les perfections. Ils se
confondent dès-lors en une seule école,et l'on
a souvent besoin des inscriptions en caractères étrusques gravées sur les monumens,pour
les rapporter avec certitude à leurs véritables
auteurs; l'air et la forme des têtes plus grosses, plus rondes, plus caractérisées que celles
des Grecs , servent encore à les distinguer.
Ce que nous venons de dire du style étrusque, peut s'appliquer en général aux ouvrages des Volsques, des Samnites et des Campaniens ; les monumens de ces peuples , peu
nombreux, sont surtout rares en France. On
connaît aussi des figures trouvées dans l'île
de Sardaigne; c'est ce que l'art ancien a produit de plus mauvais; les têtes très-longues,
les yeux d'une grandeur sans mesure , le
cou très-allongé, toutes les autres parties du
corps également difformes, un manteau court

et étroit, quelquefois un haut de chausses et une épée à la main, voilà leurs principaux caractères.

98. *Style grec*. Il eut aussi plusieurs époques; le *premier* (fig. 11), roide et dur comme celui des Etrusques, comme celui de tous les peuples qui débutent dans l'imitation de la nature, se perfectionna bientôt par les beaux modèles que l'espèce humaine offrait aux artistes de la Grèce, avantage étranger à beaucoup d'autres climats. Les têtes de ce premier style sont remarquables par la ligne inclinée, sans bosse ni enfoncement, qui forme à la fois le front et le nez; les yeux presque de face sur les figures de profil, grands et enfoncés; la bouche formée par des lèvres saillantes et relevées; le menton droit et pointu, les cheveux volumineux et tressés, mais sans que rien fasse discerner une tête d'homme de celle d'une femme. On y trouve, du reste, cette roideur, ces lignes droites, et la maigreur des premiers ouvrages étrusques. Il reste fort peu de monumens de ce premier style ou essai de l'art de la Grèce, et il se distingue moins par la grâce et la justesse de ses proportions, que par l'exagération de

toutes les expressions, et une énergie sans grâces ni beauté. Mais cette sorte de véhémence prépara aussi les progrès de l'art vers le sublime, il n'y manquait qu'une plus parfaite correction dans le dessin, et de plus justes proportions dans ses parties ; c'est ce qui constitue le *second style*. On y remarque en effet plus de modération dans l'expression, des contours à la place des lignes droites, et une tendance constante vers le beau, le grand et le sublime. Phidias, Myron et Polyclète opérèrent cette mémorable réforme, sans proscrire toutefois entièrement toute roideur, tout angle saillant dans les contours ; le sublime se montrait sur ces figures, mais avec une certaine rudesse, dénuée de ces contours moelleux et coulans, de cette grâce qui caractérisent les ouvrages du *troisième style*, nommé le *beau style* (fig. 12), dont Lysippe et Praxitèle furent les créateurs, et qui se distingue par l'abandon de tous les traits anguleux. Enfin l'esprit d'imitation marqua la décadence de l'art, et à force de rondeur et de mollese, on détruisit la noblesse et la dignité de l'expression; on fit alors des bustes et des portraits, les artistes ne pouvant pas lutter contre la perfection des statues qui étaient l'ouvrage de leurs prédécesseurs.

99. *Style romain.* Les Romains, qui n'étaient rien encore qu'une petite bourgade quand les Etrusques cultivaient tous les arts, les imitèrent comme les Grecs l'avaient fait d'abord, et pour parler plus clairement, tous les ouvrages des premiers temps de Rome furent exécutés par des artistes étrusques. Les plus anciens monumens de cette ville furent donc conformes au style contemporain de l'art étrusque ; il y a donc parité dans les figures ; les attributs seuls peuvent les faire distinguer, et ces attributs avertissent si la figure se rapporte à la croyance, à l'histoire ou des Etrusques ou des Romains. Il n'y eut donc pas de style romain proprement dit ; on remarque seulement que les figures des premiers temps, exécutées par les Romains, portent, comme eux dans ce temps-là, la barbe et les cheveux longs. Dès la seconde guerre punique, les artistes grecs remplacèrent les artistes étrusques à Rome ; la prise de Syracuse fit connaître aux Romains les beaux ouvrages de la Grèce, et ils tournèrent bientôt en ridicule leurs anciennes sta-

tues en argile ; les artistes grecs abondèrent à Rome, et l'histoire de l'art romain se confond dès-lors avec celle des vicissitudes de l'art grec. On pent remarquer seulement, comme une généralité, que les figures romaines sont plus ramassées, moins sveltes, plus graves, et d'une expression moins idéale que les figures grecques, quoique faites également par les artistes grecs (fig. 13).

100. Comme remarque générale , nous ajouterons ici que le plus sûr moyen de reconnaître l'origine d'un monument, est dans la nature même des inscriptions, quand il en porte, chaque peuple les ayant tracées dans sa propre langue et avec son propre alphabet. Il faut aussi s'assurer que l'inscription n'est point d'un temps postérieur au monument même, ni l'ouvrage d'un faussaire. Il y a des exemples de cette supercherie.

101. Nous ne dirons rien du *style gaulois*, les ouvrages qu'on leur attribue sont trop suspects, et, dans tous les cas, d'une difformité qui suppose l'enfance de l'art et tout au plus une certaine capacité d'imitation grossière. Telles sont leurs médailles antérieures à la conquête des Gaules par les Romains ;

postérieurement, l'art, chez les Gaulois, n'a rien de spécial ni de caractéristique, parce qu'il est entre les mains des artistes étrangers à la Gaule.

102. Dès que le style, l'inscription ou les accessoires d'une figure, quelles que soient d'ailleurs ses proportions, en ont fait reconnaître l'origine, il ne s'agit plus que de discerner quels objets on s'est proposé de reproduire. La proportion ne fait rien, en effet, au but de la représentation, les mêmes attributs accompagnent le colosse et la figurine qui sont l'image convenue d'une divinité quelconque, et les mêmes préceptes les expliqueront complètement l'un et l'autre. Cette explication est du domaine de l'archéologie, quoiqu'elle doive résulter de la connaissance approfondie des systèmes religieux, et de l'histoire héroïque ou politique des peuples anciens. C'est là même un des charmes de cette science, de pouvoir rapprocher les monumens figurés de l'antiquité, des récits de ses écrivains, sur la forme et les attributs qu'elle donna aux dieux, aux héros, aux rois et aux hommes de diverses classes : l'exemple se trouve ainsi à côté du précepte.

io3. Il ne peut convenir au plan de ce résumé, d'entrer ici dans tous les détails qui peuvent servir à discerner ces représentations diverses; il faudrait substituer un cours complet de mythologie aux élémens de la science archéologique; et il n'est pas permis de supposer que l'amateur qui s'adonne à l'étude de cette science, soit dépourvu des notions principales sur les religions et les cultes professés par les peuples anciens. Les dieux des Grecs et des Romains, leur rang, leur hiérarchie et leurs attributs principaux, sont des connaissances primaires aujourd'hui fort répandues. Celles qui regardent l'Égypte, les vieux peuples de l'Italie et de la Gaule, le sont beaucoup moins, pour la première surtout; l'esprit de système ne l'a pas épargnée, et l'on ne s'est abstenu de rien expliquer, quoiqu'un voile impénétrable couvrit encore ses mystérieuses écritures. La main qui l'a si heureusement déchiré, a porté la lumière sur les diverses parties des institutions de ce grand peuple, et l'archéologie égyptienne a aujourd'hui enfin ses époques bien constatées, des préceptes certains qui mettent chaque chose à sa véritable place, et qui nous permettent de présenter ici , pour la première fois , quelques règles éprouvées , bien propres à guider l'amateur dans la dénomination et la classification des objets nombreux qui nous restent de l'antique Égypte.

SECTION II.

Monumens égyptiens.

104. *Diversités.* L'archéologie égyptienne, quant aux monumens qui sont le produit de la sculpture , embrasse plusieurs divisions qui sont également applicables à tous les ouvrages de cet art , puisqu'il s'agit toujours , dans ces divers ouvrages , de représenter des *dieux* , des *hommes* , des *animaux* , ou des *objets d'invention humaine* (les ustensiles sacrés et autres). Ces divisions sont donc au nombre de quatre; la dernière forme une classe à part , sur laquelle nous reviendrons ; nous n'avons à nous occuper ici que des trois premières , et les monumens de ce genre sont les plus nombreux et les plus intéressans pour l'histoire.

§ 1er. *Divinités égyptiennes.*

105. La même divinité chez les Égyptiens était représentée sous *trois formes* différentes : 1° *forme humaine pure, avec les attributs spéciaux au dieu ;* 2° *corps humain portant la tête d'un animal qui était spécialement consacré à cette divinité ;* 3° *cet animal même avec les attributs du dieu.* Ces trois classes de monumens du même ordre comprennent la plus grande partie des figures de toutes dimensions qui se trouvent dans les cabinets et les musées, et c'est leur tête qui porte le caractère principal de chacune, qu'elle soit debout ou bien assise, avec les formes naturelles ou bien en gaîne.

106. Les *dieux égyptiens* sont figurés en toute matière ; baumes, cire, bois, argile, terre cuite et vernissée, porcelaines, pierres tendres ou dures, pierres fines, bronze, argent et or. Souvent les figures en bois, en pierre ou en bronze sont dorées, et plus souvent encore elles sont peintes de *couleurs variées et consacrées*, pour le visage surtout et pour le nu, rien à cet égard n'étant laissé à l'arbitraire de l'artiste. Ces représentations

étant ainsi réglées par la loi ou par l'usage
dans tous leurs détails , cette uniformité
constante est d'un très-grand secours pour
l'étude de l'antiquité égyptienne figurée ,
puisqu'elle explique à la fois les scènes où ces
dieux reparaissent, qu'elles soient figurées
de ronde bosse, en relief, en creux, peintes
sur toile , sur papyrus , sur bois , ou sur
pierre. Les *mémes attributs* indiquent toujours
la méme divinité, et l'alliance des attributs ,
celle des personnages divins, selon les idées
et les croyances égyptiennes.

107. Le nombre considérable des personnages du panthéon égyptien, classés toutefois dans une hiérarchie méthodique qui était
la conséquence de leur généalogie même, et
émanant tous d'un premier être, multiplie
beaucoup le nombre et la variété des attributs,
et complique ainsi l'étude des monumens ;
mais comme les divinités principales, celles
du premier ordre, étaient aussi les plus ho-
norées, et devaient être plus ordinairement
figurées, il en résulte que leurs représentations furent aussi les plus nombreuses, et ce
sont celles qu'on découvre le plus communément en Égypte, celles encore qui parvien-

nent en plus grand nombre dans les collections d'Europe. Il suffira donc d'indiquer ici les *caractères* et les *attributs* de la plupart de ces divinités principales, pour satisfaire à ce qu'exigeront de nous les lecteurs de ce résumé. Afin d'être clair et précis, il est nécessaire de suivre les trois divisions principales déjà énoncées (n° 104).

108. Comme *caractères généraux communs à toutes les divinités*, nous indiquons 1° *la croix ansée* (ou T surmonté d'un anneau), symbole de la vie divine, que chaque dieu tient d'une main; 2° *le sceptre*, de l'autre, et ce sceptre, ou bâton long, est terminé en haut par une tête de *coucoupha* pour les divinités mâles (symbole de la *Bienfaisance*), et par un *pommeau évasé* pour les divinités femelles, que ces personnages soient debout ou assis. De plus, la figure humaine d'un *dieu* a une *appendice* au menton, en forme de *barbe tressée*, et les *déesses* n'en ont jamais. Enfin, dans certaines actions les divinités occupées à une fonction particulière, ont quitté ces deux premiers attributs, la croix ansée et le sceptre; mais on les reconnaît à leur *coiffure spéciale*; voici donc l'énumération des principales coiffures.

I. 109. Divinités égyptiennes, caractérisées par leurs coiffures.

1° *Dieux* de forme humaine pure, portant sur leur tête :

Deux longues plumes droites, le nu peint en bleu ; c'est *Ammon*, le créateur du monde ;

Idem, et de plus le membre viril très-saillant ; *Ammon générateur* (Mendès, Pan, Priape) ;

Un bonnet serrant fortement la tête ; visage vert ; le corps en gaîne et appuyé contre une colonne à plusieurs chapiteaux ; dans ses mains le *nilomètre : Phtha* (Hephaïstos, Vulcain).

Tête nue, ou avec le même bonnet ; corps d'enfant trapu et difforme, marchant, ou debout sur un crocodile ; colorié en vert ou en jaune, avec ou sans membre viril : *Phtha-Sokari* enfant (le même Hephaïstos, Vulcain enfant) ;

Deux plumes recourbées sur la tête avec deux longues cornes ; le fléau avec ou sans le crochet ou *pedum* dans les mains : le même *Phtha-Sokari* (Hephaïstos, Vulcain) ;

Deux cornes de bouc, coiffure blanche, visage vert ; deux serpens *uræus* dressés sur les cornes, un disque rouge au milieu et deux plumes droites surmontant le tout : *Souk*, (Succhus, Cronos, Saturne);

Une seule plume recourbée par le haut; coiffure rayée, visage vert, *Djom* ou *Gom* (Hercule);

Deux plumes séparées et droites, coiffure noire, visage vert, le corps couvert d'une longue robe rayée; *Djom* ou *Gom* (Hercule);

Bonnet serré noir ou bleu, le croissant de la lune avec un disque au milieu, une mêche de cheveux tressés pendant sur l'oreille, visage vert, le corps en gaîne; *Pooh* (le dieu Lunus);

Idem, avec le sceptre, le nilomètre et la croix ansée dans ses mains jointes; *Pooh* (le même dieu Lunus);

Idem, Assis dans une barque et adoré par des cynocéphales; le même dieu *Pooh* (Lunus);

Idem, retenant de ses deux mains un disque rouge sur sa tête, et ayant près de lui des *oiseaux à tête humaine*; le même *Pooh* (Lunus), *directeur des âmes*, qui sont représentées par ces oiseaux;

La mitre flanquée de deux appendices

recourbées par le haut, le fléau et le crochet dans les mains, corps en gaîne ; *Osiris* (roi de l'*Amenthi*, ou enfer égyptien);

Le pschent entier, avec le lituus et le sceptre à la main ; le *Mars* égyptien ;

Corps humain monstrueux par l'exagération des traits de sa figure, le volume du ventre, etc. ; *Typhon*, le mauvais génie.

2° *Déesses* de forme humaine pure, portant sur leur tête :

La dépouille d'une pintade, et le *pschent* complet (*voy*. au Vocabulaire des mots techniques, la description de cette coiffure royale); la partie inférieure du pschent peinte en rouge, et la partie supérieure, ou la mitre, en jaune; le nu de la même couleur; *Néith*, (l'Athénè ou Minerve égyptienne);

Le même pschent sans la dépouille de la pintade; à gauche une tête de *vautour,* symbole de la *maternité*, et couverte de la partie inférieure du *pschent;* à gauche une tête de *lion* (la Force), portant les deux plumes droites ; des ailes étendues, et les signes des deux sexes; *Néith génératrice* (Physis, la Nature, Minerve);

Une plume seule recourbée par le haut,

coiffure bleue, le nu jaune, avec ou sans ailes ; *Saté* (Héra , Junon) ;

Une espèce d'autel évasé vers le haut ; *Nephthis ;*

La mitre du pschent en jaune , flanquée de deux cornes , le nu peint en rouge ; *Anouké* (Anucis , Estia , Vesta) ;

Deux grandes cornes , un disque au milieu , avec ou sans l'uræus sur le front ; *Isis* , sœur et femme d'Osiris ;

Un diadème surmonté de feuilles de couleurs variées , le nu peint en jaune ; *Tpé* (Uranie , la déesse du ciel) ;

Diverses coiffures , le corps démesurément allongé horizontalement , orné de cinq disques ou d'étoiles , les bras et les jambes pendant perpendiculairement ; la même *Tpé* (Uranie ou le ciel) ;

Epervier avec une coiffure symbolique , la déesse ayant dans ses mains des bandelettes ou lacs ; *Athôr* (Aphrodite , Vénus) ;

La dépouille de la pintade surmontée de la figure d'une porte de temple avec des fleurs bleues qui rayonnent autour ; la même *Athôr ;*

Deux cornes, un disque rouge au milieu ,

et montrant d'une main un bourrelet pendu à son col ; la même *Athôr ;*

La partie inférieure du *pschent* ornée d'un *lituus ;* carnation verte ; *Bouto* (Létô, Latone, les ténèbres primordiales);

Idem, avec deux crocodiles qui vont prendre son sein ; *Bouto, nourrice des dieux.*

Un trône ; *Isis.*

II. 110. Divinités de forme humaine à tête d'animal :

1° *Dieux.* Tête de belier, bleue, surmontée du disque et de deux plumes ; *Ammon, Amonzé (Jupiter Ammon);*

De belier, verte, deux longues cornes, le disque et le serpent Uræus ; *Chnoubis* (Ammon-Chnoubis);

De belier avec deux longues cornes, et dans ses mains un vase penché d'où l'eau s'échappe ; *Chnouphis - Nilus* (Jupiter-Nilus, le dieu Nil.)

De schacal ; *Anubis,* ministre de *L'Amenthi* ou enfer égyptien ;

D'hippopotame, ventre volumineux ; *Typhon,* génie du mal ;

De crocodile, avec ou sans deux cornes de bouc surmontées de deux uræus et de deux plumes, avec ou sans disque; Souk (Succhus, Cronos, Saturne.);

D'épervier, avec la mitre du pschent orné de deux appendices rayés; *Phtha - Sokari* (Soccharis);

Idem, avec la partie inférieure du pschent sur la main; la même Phtha-Sokari.

Idem, sans ornement; *Hôrus*, fils d'Isis et d'Osiris;

Idem, coiffée du pschent orné du lituus; *Hôrus Arsiési*;

Idem, ornée du croissant lunaire, un disque au milieu, avec ou sans le serpent uræus, le tout peint en jaune; *Pooh hiéra-cocéphale* (le dieu Lunus). Quelquefois la tête d'épervier est double, et le corps porté sur deux crocodiles.

Idem, surmontée d'un grand disque rouge avec ou sans l'uræus; *Phré* (Hélios, le soleil);

Idem, avec le disque d'où sort l'uræus et deux plumes droites; *Mandou-ré* (Mandoulis);

Idem, et de ses mains répandant l'eau contenue dans un vase; *Thoth trois fois grand* (Hermès trismégiste, le premier Hermès);

D'ibis, deux longues cornes, deux uræus, la mitre du pschent très-ornée; *Thoth deux fois grand* (le deuxième Hermès);

Idem, avec le croissant lunaire et le disque au milieu; le même *Thoth deux fois grand* en rapport avec *Pooh* ou Lunus.

Idem, sans ornement, et dans les mains du dieu un sceptre terminé par une plume panachée; *Thoth deux fois grand, seigneur de la région inférieure;*

Idem, sans ornement, d'une main une tablette, et de l'autre un style ou roseau, *Thoth Psychopompe* (le deuxième Hermès écrivant le résultat de la *pesée des âmes* dans l'*Amenthi* ou enfer égyptien);

De vanneau; le dieu *Bennô;*

De scarabée ailé, dressé sur ses pates de derrière; *Tôré*, une des femmes de Phtha;

De nilomètre, surmonté de deux longues cornes, du disque et de deux plumes; dans ses mains le fouet et le crochet; *Phtha stabiliteur.*

2° *Déesses* de forme humaine à tête d'animal :

De lionne; *Tafné* ou *Tafnet;*

De vache; le disque rouge et deux plumes

recourbées entre les cornes ; *Athor* (Aphrodite , Vénus);

De vautour, avec un diadême ou longues bandelettes, un arc et une flèche dans les mains ; l'*Ilythia* égyptienne, accélératrice des accouchemens.

III. 111. *animaux symboliques* représentant les dieux mêmes qui portent quelquefois leur tête :

Serpent barbu avec deux jambes humaines ; *Chnouphis ;* c'est ce qu'on nomme l'agathodémon (ou bon génie);

Uræus, la tête ornée de la partie inférieure du pschent et du lituus ;

Taureau avec un disque sur la tête ; *Apis ;*

Schakal sur un autel , avec ou sans fouet ; *Anubis ;*

Belier richement caparaçonné , la tête ornée du disque et des deux plumes droites d'Ammon ; *Amon-Ra ;*

Idem , avec le disque seul ; *Chnouphis ;*

Cynocéphale , une tablette de scribe à la main ; *Thoth deux fois grand* (le deuxième Hermès);

Cynocéphale avec le croissant de la lune

et un disque peint en jaune; *Pooh* (le dieu Lunus);

Scarabée à tête de belier ornée du disque et de deux agathodémons sur ses cornes, auxquelles deux croix ansées sont appendues; *Chnouphis-Nilus ;*

Vautour coiffé de la mitre du pschent ornée, et portant une palme dans chacune de ses serres; *Neith ;*

Ibis blanc sur une enseigne; *Thoth deux ois grand* (le second Hermès);

Epervier sans ornemens; *Horus ;*

Epervier, le disque et un uræus sur sa tête; *Phré* (le soleil);

Epervier, le disque rouge sur sa tête, avec deux uræus, une palme et une croix ansée; *Thoth trismégiste* (le premier Hermès);

Epervier, sa tête ornée du pschent avec beaucoup d'accessoires; *Phtha-Socari ;*

Vanneau avec des aigrettes; *Bennó ;*

Epervier dans un carré; *Athôr* (Vénus Egyptienne;

Vache avec un disque sur la tête; *Athôr.*

Sphinx mâle (barbu), le disque rouge et l'uræus sur la tête; *Phré* (le soleil);

Disque rouge ailé, duquel sortent quelquefois des rayons de lumière, avec ou sans les deux croix ansées, deux palmes et deux uræus; *Thoth trismégiste* (le premier Hermès).

Disque jaune dans une barque, avec ou sans cynocéphales; *Pooh* (le dieu Lunus).

112. Les exemples qui viennent d'être cités, suffiront pour donner une idée générale de la représentation des divinités égyptiennes sous les trois formes ci-dessus indiquées, et pour diriger l'archéologue dans l'étude du grand nombre de figures que le hasard lui procurera. On ne doit jamais oublier cette *triple manière* de représenter les divinités; mais on retrouvera toujours l'unité et la conformité des ornemens de la tête pour le même personnage figuré soit de forme humaine pure, soit de forme humaine à tête d'animal, ou enfin sur l'animal même qui lui était consacré et en était l'emblème vivant. Ainsi cette multiplicité apparente de représentations se réduit déjà de beaucoup par cette *synonymie* fondée sur la constitution des emblèmes. Nous ajouterons seulement, quant au *sphinx*, qu'il paraît avoir été celui de toutes les divinités, et même des rois et des reines de l'Egypte. Mais il n'y a néanmoins au-

cune confusion à redouter : pour les dieux symbolisés sous la forme du sphinx, la coiffure et les emblèmes caractérisent spécialement chacun d'eux, et se rapportent invariablement aux personnages qu'ils représentent; et pour les rois et reines, un *cartouche* ou encadrement elliptique, est toujours à côté du sphinx mâle ou femelle, et ce cartouche renferme le nom même du roi ou celui de la reine qui sont ainsi figurés. On reconnaît à tous ces détails un peuple essentiellement réfléchi et méthodique; il ne s'agissait pour nous que de pénétrer cette méthode et d'en saisir toutes les divisions : le premier pas est fait, et les préceptes qu'on vient d'exposer en sont les résultats. On peut consulter, pour de plus amples détails sur la religion égyptienne et les figures de ses divinités, le *Panthéon égyptien*, publié par mon frère; la liste abrégée qui précède ce paragraphe, en a été extraite, et suffira aux recherches sommaires des archéologues. Les principes généraux qui la suivent sont aussi un guide auquel ils peuvent se confier, quoique publiés ici pour la première fois.

§ 2. *Rois et Reines sur les monumens égyptiens.*

113. Les figures des rois et des reines qu'on rencontre sur les monumens égyptiens de tout genre, sont de forme humaine pure, nues ou vêtues, ou bien en gaîne. Pour les rois comme pour les dieux, un appendice au menton, ou barbe tressée, les distingue des reines comme des déesses. Cette *barbe tressée* est la marque générale *masculine* pour tous les êtres figurés par les Egyptiens. On reconnaît un roi à deux signes particuliers : 1° le *serpent uræus*, mêlé à leur diadème, avance et élève sa tête et son col renflé au-dessus de leur front; 2° leur *nom* est toujours écrit, ou sur leur statue, ou à côté d'eux dans les bas-reliefs et les peintures, et ce nom est une petite série d'hiéroglyphes enfermés dans un *cartouche* ou encadrement elliptique. Les honneurs du cartouche étaient réservés aux rois et aux reines seuls, et à ceux des dieux considérés comme *dynastes* ou ayant régné sur l'Egypte : mais, dans ce dernier cas, on reconnaît les dieux à leurs attributs et surtout à leur coiffure, les rois se faisant remarquer d'ailleurs par leurs formes purement

humaines, et par la richesse de leur costume, lorsqu'ils ne sont pas figurés en gaîne.

114. On distingue encore les rois *morts* des rois *vivans*, en ce que les rois morts, passant au rang des dieux après leur apothéose, portent , comme les dieux , la *croix ansée* d'une main, quelque attribut divin dans l'autre, l'*uræus* sur le front, et une *coiffure* qui est celle même du *dieu* sous la protection duquel ils s'étaient placés de leur vivant ; il en est de même des *reines*.

§ 3. *Simples particuliers , prêtres , etc.*

115. Quant aux *simples particuliers, prêtres et personnages tirés de divers ordres*, ils ne portent aucun signe très-distinctif; les *hommes* ont la tête rasée, ou bien couverte de cheveux artistement tressés et bouclés, souvent de perruques volumineuses très-soignées ; une étoffe rayée, pliée autour des reins, les enveloppe depuis les hanches jusqu'aux genoux , et un collier à plusieurs rangs orne leur col et leur poitrine; les jambes paraissent nues, et leurs pieds le sont le plus souvent. Les *femmes* sont coiffées avec leurs cheveux ou une perruque, et leur tête est couverte d'une étoffe rayée ,

échancrée pour laisser les oreilles libres; une longue tunique les couvre depuis le dessous du sein, et elle est retenue sur les deux épaules par deux bretelles; un large collier orne aussi leur poitrine. Un *chef de famille* se reconnaît à sa longue canne qui égale presque la hauteur de sa taille. S'il est *assis*, ayant devant lui une table chargée d'offrandes, et parfois une flamme sur la tête, c'est qu'il est mort, et que ces offrandes lui sont faites par les personnes de sa famille quelquefois très-nombreuse; et si une femme est assise à côté de lui, ayant dans ses mains une tige de lotus avec sa fleur dont elle respire l'odeur, avec ou sans la même flamme sur la tête, c'est que cette femme a aussi cessé de vivre. Dans ces représentations funéraires, comme dans toutes celles de la vie domestique, le *nom de ces simples particuliers* est toujours écrit à côté de leur tête; c'est ordinairement une courte série de signes hiéroglyphiques, précédée, pour les morts, des signes caractéristiques du nom d'*Osiris*, tous les hommes entrant dans la dépendance de ce dieu en quittant la vie. Les *figurines* humaines, en momie ou gaîne, et dont la

tête ne porte aucun ornement, sont des offrandes faites aux morts par leurs parens et
leurs amis, qui y faisaient mettre son nom.
Il y en a en toute matière et de dimensions
diverses.

§ 4. *Animaux.*

116. Les figures d'*animaux* travaillées par
les Egyptiens, sont très-remarquables par
la perfection de la ressemblance, le fini des
détails, et l'imitation minutieuse des couleurs. Si ces animaux sont *symboliques*, leur
coiffure est celle même du dieu dont ils
ont été l'emblème vivant. S'ils n'ont que
leurs formes naturelles sans aucun acces-
soire, ils représentent l'être même dont ils
ont la forme, un *lion*, un *rat*, un *ichneumon*,
un *crocodile*, etc. Mais il est à remarquer que
presque tous ces animaux avaient un rôle
mythique; c'est ce qui a fait multiplier leurs
figures. Un *oiseau à tête humaine* était la figure convenue de l'*âme humaine*, mâle ou
femelle, selon qu'il a ou qu'il n'a pas la barbe
tressée. Le *scarabée* était le symbole du
monde; le vrai scarabée sacré des Egyptiens
vient d'être retrouvé vivant en Ethiopie; il

en est de même de l'*ibis* blanc, fort rare dans l'Egypte, et cependant très-souvent figuré par les anciens artistes. On retrouve aussi plusieurs espèces de *serpens*, notamment l'*uræus* au col enflé, etc. Du reste, la parfaite ressemblance des animaux figurés par l'art égyptien, permet de les reconnaître et dénommer sans équivoque.

117. Ces notions générales sur l'archéologie égyptienne, s'appliquent également à tous les produits de la sculpture, soit de ronde-bosse, soit en bas-relief; nous n'aurons pas à y revenir, l'interprétation de ces ouvrages reposant spécialement sur le caractère et les attributs de chaque personnage, et ce qui vient d'être exposé sommairement pouvant suffire aux premières recherches. Nous ferons remarquer seulement encore, que les Egyptiens travaillèrent le *bas-relief* d'après des procédés particuliers : les figures étaient taillées dans le creux, de sorte qu'elles n'avaient aucune saillie hors du plan; c'est vraisemblablement à ce procédé, qui mettait les figures à l'abri de tout frottement, qu'on doit la conservation d'une si prodigieuse quantité de bas-reliefs égyptiens.

§ 5. *Stèles.*

118. On appelle *stèles*, ceux des bas-reliefs exécutés sur des pierres isolées, arrondies par le haut, brutes par derrière, et qui représentent des offrandes faites par une ou plusieurs personnes, soit à des *dieux*, soit à des *hommes*; les offrandes aux *dieux* sont celles des *défunts* qui, à leur tour, reçoivent celles de leur *famille*. Ces stèles, qui sont toutes *funéraires*, ont plusieurs rangs de figures ; les inscriptions hiéroglyphiques qui les accompagnent, en expliquent le sujet et donnent aussi le nom des personnages, soit morts, soit vivans. Ces stèles funéraires sont presque toutes de pierre calcaire; il y en a en bois; elles ont depuis quelques pouces jusqu'à 3, 4 et 6 pieds. Elles étaient placées dans les catacombes, les chambres sépulchrales et les tombeaux de famille.

§ 6. *Pyramides portatives.*

119. Au lieu de stèles, on consacra aussi aux morts des *pyramides*. Elles sont d'un seul bloc, et n'ont que 1 pied ou 2 de hauteur; elles portent sur leurs quatre faces,

des inscriptions et des figures, ou des scènes analogues à celles des stèles, ayant les unes et les autres la même destination. Ces petites pyramides sont aussi *funéraires*. On les trouve plus fréquemment dans les environs de Memphis et la basse Egypte, que dans la haute.

SECTION III.

Monumens étrusques.

120. Aux caractères généraux du style étrusque, on ne confondra pas les monumens de leur sculpture avec ceux des Egyptiens, quoique l'exécution générale ait quelque chose d'analogue. Mais les Etrusques n'ont pas fait de figures en gaîne, ni à tête d'animal sur un corps humain. Il faut donc avoir égard, pour les dénommer, aux attributs qu'elles portent. Quant aux *dieux*, ces attributs sont en général ceux des Romains qui leur en empruntèrent la plupart. Hercule porte aussi une *massue*, Vulcain un *marteau* et des *tenailles;* Mercure, conducteur des âmes, une *bipenne* ou hache à deux tranchans; Mars un *casque* et une *épée*, etc. Les Etrusques ont

souvent donné des *ailes* à leurs divinités. En
général, les idées mythologiques des Etrusques, des Grecs et des Romains sont si analogues et si mêlées les unes aux autres, que
les premières s'expliquent par les deux autres.
Ces peuples se sont fait des emprunts mu-
tuels, et le peu de monumens qui nous reste
des Etrusques libres, avant que la puissance
de Rome eût grandi·, ne permet pas de se
faire une idée complète de leurs opinions, et
de caractériser avec une pleine certitude les
divers produits de leur sculpture. Leurs bas-
reliefs les plus anciens, dont l'exécution fut
semblable à celle des bas-reliefs grecs, et n'i-
mita rien des procédés égyptiens que la roideur des formes, offrent souvent aussi des
sujets tout grecs, et dévoilent déjà l'influence
de ces derniers sur les arts de la vieille Italie.
On connaît cependant des ouvrages entièrement étrusques, osques ou volsques; ce sont des
bas-reliefs en terre cuite et peints; leur style
est celui que les Romains mêmes nommaient
tuscanien, sec, roide et maigre; c'est là le style
des Etrusques, et quand leurs artistes ne tra-
vaillaient que pour leur pays, on y remarque toutes les imperfections de l'ignorance de

l'art et des proportions. Mais le temps amé-
liora ses procédés et ses moyens; on indique
les monumens qui portent des traces de ce
perfectionnement, comme étant de la *seconde époque*; il y a toujours quelque chose
de roide et de sec qui les fait reconnaître
pour étrusques, ou plus généralement toscans, mais les formes se rapprochent davan-
tage de celles de la belle nature. C'est à ce
second style qu'appartiennent les figures de
guerrier, casquées, qu'on voit souvent dans
les cabinets. En général, les attributs man-
quant aux figures, par l'effet du temps, il
est difficile de les classer; mais le plus important est de ne pas les attribuer à d'autres peuples, et les indications qui précèdent, suffi-
sent pour prévenir toute confusion.

Les *Etrusques* figurèrent aussi les *animaux*;
on a des images de *chiens*, de *porcs*, etc., en
terre ou en métal; mais le style de ces figures, qui a tous les défauts que les premiers artistes ne purent éviter, les caractérise encore
suffisamment; il en est de même des *monstres*
et *chimères* de leur invention, des *quadru-
pèdes ailés* et autres bizarreries de l'imagination, fondées sans doute sur des croyances

populaires ou religieuses ; la même ignorance
des règles du bel art que donnent l'expé-
rience et le goût, les fait, sans hésiter, attribuer aux Etrusques et autres peuples,
contemporains, de la vieille Italie. Quand
ils portent une inscription, la forme des signes alphabétiques, et leur marche de droite
à gauche, ne laissent plus aucun doute sur
leur origine toscane.

SECTION IV.

Monumens grecs.

121. LES Grecs nous ont laissé des monumens très-variés de leur sculpture ; ce qui
a été dit plus haut (n° 98) sur les trois époques de leur style, ne doit pas être perdu
de vue lorsqu'il s'agit de reconnaître si une
figurine, une statue, un buste ou un bas-relief peut être classé parmi les antiquités grecques. On en trouve peu du premier style,
et nous citerons comme un exemple, le bas-
relief du musée du Louvre qui représente
Agamemnon assis, suivi de Taethybius et
d'Epéus ; leur nom, tracé près des figures,
ne laisse aucun doute à ce sujet, et celui du

roi est écrit de droite à gauche. On retrouvera dans ces figures tous les caractères de ce premier style.

122. C'est par la connaissance de la mythologie et de l'histoire, qu'on peut éviter toute méprise essentielle dans l'attribution d'un monument au peuple qui l'a réellement exécuté ; les attributs caractéristiques de chaque figure, se rapportant aux croyances ou aux traditions de ce peuple, il faut donc y avoir le plus grand égard ; et quand un peuple, les Grecs et les Romains, par exemple, ont eu des divinités analogues , caractérisées par des attributs semblables, c'est par le style de la figure qu'on juge si elle appartient aux uns ou aux autres, et surtout par les inscriptions, quand les figures en sont ornées, ce qui est très-rare pour celles de petites proportions.

123. Les études classiques ont rendue vulgaire la connaissance des attributs des dieux principaux de la Grèce, et de ceux de ses héros, qui se mêlent intimement à ses premiers temps historiques. Dans le doute, on peut recourir à un dictionnaire mythologique, au nom même du signe caractéristique

ou de l'attribut de la figure; et s'il fut commun à plusieurs personnages à la fois, le sexe, l'âge, et autres accessoires aident en général à se fixer sur l'objet réel qu'elle représente, et à prévenir toute équivoque.

124. Pour l'étude fructueuse de l'antiquité, l'histoire fabuleuse, ou le *mythe* des héros grecs, n'est pas moins importante à connaître que celle des dieux. Elle embrasse tous les temps primitifs de la Grèce jusqu'au siége de Troie, et les faits dont sa tradition avait composé ces *mythes*, sont aussi souvent figurés sur les monumens, que les actions mêmes des divinités. Les héros reçurent aussi l'immortalité, et furent, comme les dieux, l'objet d'un culte particulier à chacun. Ce sont encore les attributs, le caractère principal du visage, et les indications accessoires, relatives ordinairement aux actions les plus connues des héros, qui les font distinguer des dieux sur les monumens.

125. Le nombre de ces attributs est considérable et varié; l'antiquité choisit tel ou tel animal pour les personnages qu'elle adora, selon ses propres idées, et il n'y a qu'une remarque très-générale à faire à ce sujet; c'est

que chaque peuple n'affecta à ses personnages divins, que les objets ou les animaux propres au pays qu'il habitait. On pourrait objecter à ce sujet que Rome et la Grèce, par exemple, mirent des lions, des tigres, etc., dans leur mythologie, et cependant ni la Grèce ni l'Italie ne paraissent avoir été dans ces temps connus, l'habitation de ces féroces quadrupèdes. Mais on doit remarquer sur cela : 1° que le culte d'une divinité à laquelle ces animaux sont consacrés, a pu venir originairement d'une contrée où ils habitaient autrefois ; 2° que ces mêmes animaux ont pu n'être introduits dans les représentations monumentales ou dans les mythes, qu'à des époques postérieures à l'origine du mythe même. Le point important pour l'archéologue, est de connaître les usages des peuples anciens à cet égard ; l'institution de l'usage est du ressort de la MYTHO-LOGIE. On donnera donc une attention particulière à ces attributs ou symboles pour la dénomination des figures : et ce sont les caractères principaux de leur style, qui en dévoilent l'origine et l'époque dans l'histoire des variations de l'art.

126. Outre les dieux et les héros, les Grecs figurèrent aussi des hommes. On connaît jusqu'à quel point ils portèrent, à cet égard, l'orgueil de leur patriotisme, et combien était grand chez eux le nombre des *statues* et des *bustes* représentant des princes ou des citoyens. Quelques accessoires, tels qu'un diadème, distinguent les premiers des seconds. Mais quand une inscription authentique n'accompagne pas la figure, presque toutes les dénominations sont plus ou moins arbitraires. Les médailles peuvent quelquefois servir de guide; elles nous ont conservé un grand nombre de portraits de personnages historiques; en les comparant avec les statues et les bustes, on peut, avec beaucoup de vraisemblance, y reconnaître quelques portraits : il y en a d'ailleurs qui sont si généralement connus, et tellement caractérisés, qu'on ne saurait s'y méprendre : tel est celui de Socrate. On doit consulter à ce sujet la grande *Iconographie ancienne* de feu Visconti, continuée par M. Mongès; c'est un recueil considérable de portraits tirés des monumens de tout genre; les résultats obtenus par ces deux savans antiquaires, peuvent

être accueillis avec confiance par les archéologues qui seraient privés de tout autre ren-
seignement fourni par le monument même
qu'ils voudraient expliquer. Ici encore le sexe,
l'âge, le costume, la physionomie et les attributs de la figure, statue ou buste, et son
style lui donneront les premières et les plus
sûres indications, et dans tous les cas, il est
plus sûr et plus sage de renoncer à une explication, plutôt que d'en donner de hasar-
dées.

127. Les figures de ronde bosse qui nous
sont parvenues de l'antiquité, portent quelquefois une inscription; elle explique souvent le monument tout entier, les motifs et
l'époque de son exécution. Si c'est un nom
seul, il est celui de l'individu que la figure
représente, et plus souvent encore le nom de
l'artiste. Quel qu'il soit, il doit être recueilli
très-exactement; mais on a assez fréquemment pris le nom de l'artiste pour celui du
personnage : il est à remarquer que le second, sur les ouvrages grecs, est ordinairement écrit au génitif; on a sous-entendu les
mots équivalant à *ouvrage de...* (le nom de
l'artiste). Sans cette distinction, on s'expo-

serait à des confusions également défavora-
bles à l'étude de l'histoire et à la connaissance de l'antiquité. Ajoutons enfin que des
ouvrages romains portent aussi des inscriptions grecques, les Romains n'ayant presque
employé que des artistes grecs.

Les Romains ne firent pas école, et ce
que nous avons à en dire se borne à peu
de chose.

SECTION V.

Monumens romains.

128. LES ouvrages de sculpture qui appartiennent aux Romains, ne furent qu'une con-
tinuation de l'école grecque par les artistes
grecs travaillant à Rome ou dans les autres
grandes villes de l'empire. Ce que nous venons
de dire des Grecs s'appliquera donc en général
aux Romains, sauf les différences de style déjà
mentionnées en leur lieu. On retrouve aussi
dans les ouvrages exécutés sous les premiers
empereurs, toutes les pratiques de l'art grec,
la quadrature des formes, une touche ferme
et sans recherche; point de finesse dans les
cheveux, mais beaucoup de fierté dans les

masses. Sous Hadrien, le style se montre plus fini, plus pur que sous ses prédécesseurs; les cheveux sont plus travaillés, plus unis, plus détachés; les cils sont relevés, les pupilles indiquées par un trou profond, caractère essentiel, rare avant cette époque et fréquent depuis; tel est l'Antinoüs du musée. Mais on remarque en même temps que le style perd du grandiose de la belle école grecque : il déclina encore sous Septime Sévère, quoiqu'on trouve de beaux portraits de cette époque. Mais depuis Alexandre Sévère le style tomba dans une imitation grossière; et on la reconnaît aux sillons profonds tracés sur le front, aux cheveux et aux barbes à longues lignes, aux pupilles plus profondément creusées, aux contours dessinés avec plus de force que de savoir, à l'incertitude des physionomies, à la sécheresse générale de la composition.

129. Après ces remarques générales sur le style d'une figure, il ne reste plus qu'à discerner attentivement ses attributs, ses symboles, son costume et ses autres insignes : on voit dès-lors si elle représente un dieu, une déesse, un héros, un homme public ou un homme

privé, et on la classe en conséquence selon le rang que lui assigne la mythologie ou l'histoire.

Il ne serait pas possible de donner ici, comme nous l'avons fait pour les figures égyptiennes, une nomenclature des attributs et des symboles qu'on observe dans les monumens grecs et romains; quelqu'étendue qu'elle fût, il suffirait d'une figure nouvelle pour la rendre incomplète; et si nous l'avons crue nécessaire pour les Égyptiens, c'est parce que les doctrines étaient encore à créer dans les rudiments de l'archéologie de ce peuple, et qu'elles sont au contraire vulgaires à l'égard des deux autres : nous répéterons seulement que les indications tirées du *style* et des *attributs*, sont en général suffisantes pour reconnaître une figure mythologique, les traits du visage et le costume, pour celles qui appartiennent à l'histoire; et ces notions s'appliquent également aux figures de ronde-bosse, et aux bas-reliefs qui ne sont qu'un assemblage de figures également en bosse, mais non détachées du fond.

SECTION VI.

Des bas-reliefs en particulier.

130. Les *bas - reliefs* furent exécutés par les Grecs dès les temps les plus reculés de l'art, et par les Romains, surtout après les premiers empereurs. On y remarque les mêmes procédés dans le style selon l'époque; les mêmes attributs pour les personnages, l'influence des mêmes idées, des mêmes traditions à l'égard des dieux et des hommes; ce qui a été dit sur le caractère et la distinction des statues et des bustes, s'applique donc également aux bas-reliefs : nous n'ajouterons que quelques mots sur leur usage. Ils ornaient les autels, la base des statues, et surtout les tombeaux; dans la décadence de la Grèce, on érigeait des bas-reliefs en mémoire des hommes illustres, au lieu de statues; on y traçait quelquefois aussi l'histoire entière d'un dieu ou d'un héros, et il était alors exposé dans les lieux publics ou dans les écoles pour l'instruction des enfans; dans ce dernier cas, des inscriptions en expliquaient les sujets divers. A Rome, on employa particuliè-

rement les bas-reliefs à l'ornement des arcs de
triomphe, des colonnes triomphales, et surtout des sarcophages (n° 90). Les sujets des
bas-reliefs qui décoraient la partie antérieure
de ces monumens funéraires, étaient très-
variés, quoique parfois répétés lorsqu'un
sujet avait été composé par un maître ha-
bile. En général les bas - reliefs des sarcophages sont d'un travail médiocre; on y voit
souvent les adieux du défunt à sa famille;
quelquefois ce sont deux figures seulement,
et celle qui est l'objet des attentions ou des
caresses de l'autre, est la figure du défunt.
On remarque aussi sur certains sarcophages,
que la tête d'une figure n'est pas terminée;
on en a conclu que les sculpteurs préparant
ces monumens d'avance pour le commerce,
ne terminaient cette tête que lorsque le sarcophage était vendu, cherchant alors le plus
possible à en faire le portrait du mort.
Comme les carrières de marbre abondaient
dans l'Attique, c'est de la Grèce que le commerce transportait un grand nombre de sarcophages à Rome et en Italie. On retrouve
aussi sur leurs bas-reliefs, des figures qui,
exécutées ailleurs en ronde - bosse, s'expli-

quent par le rôle qu'elles jouent dans ces bas-reliefs; c'est ainsi que le *remouleur* a été reconnu pour le Scythe qui écorche Marsyas. Les sarcophages étaient garnis d'un couvercle plus ou moins orné; ils servaient quelquefois à plusieurs personnes; on le voit à leur intérieur, divisé en deux parties par une cloison taillée à même dans la pierre, et qui formait deux cases pour deux urnes; ou bien aux trous qui, à la moitié de la hauteur des parois, recevaient des barres de métal sur lesquelles le second corps reposait. L'inscription rappelle aussi les noms des deux personnes déposées dans le monument.

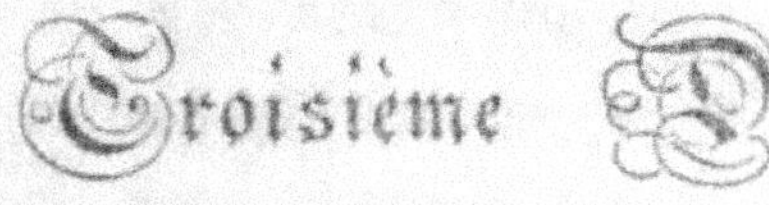

Troisième Division.

MONUMENS DE PEINTURE.

131. On trouvera dans cette section après quelques notions générales sur les monumens de la peinture des anciens, deux chapitres particuliers sur les *vases peints* et sur les *mosaïques*. Ces vases et ces mosaïques sont en effet un produit de la peinture ; ils devaient donc trouver place dans cette troisième division.

SECTION PREMIÈRE.

Égyptiens.

132. Les Égyptiens cultivèrent la peinture dès la plus haute antiquité ; les plus anciens monumens de ce peuple célèbre en rendent témoignage, et tels sont les temples, les tombeaux, les momies, les manuscrits, etc.

Ils n'employèrent que six couleurs : le blanc, le noir, le bleu, le rouge, le jaune et le vert.

Ils les appliquèrent sur les pierres les plus dures et les plus tendres, sur le bois, la toile et le papyrus.

Les sculptures des plus anciens temples sont coloriées; les catacombes des vieux Pharaons le sont aussi, et les procédés varièrent selon la matière sur laquelle on appliquait ces couleurs.

Sur le granit, le grès et autres matières analogues, les couleurs étaient appliquées immédiatement; on a remarqué qu'elles les pénètrent assez profondément, ce qui prouve que les Égyptiens connaissaient un procédé chimique très-propre à les fixer, et l'analyse a appris que presque toutes leurs couleurs étaient à base métallique. Le bleu de cobalt, qui est une découverte du dernier siècle, abonde jusqu'à la profusion dans les peintures égyptiennes; aussi tous les voyageurs ont-ils remarqué, non sans étonnement, qu'elles conservent encore après deux ou trois mille ans leur éclat primitif.

Le bois est couvert d'une couche de blanc de céruse; le contour des figures est tracé en noir, et leur intérieur est colorié par des teintes plates assez heureusement combinées. Sur

le papyrus, tout est peint, même le blanc ; la
dorure est quelquefois associée aux couleurs,
et la feuille d'or est fixée sur le blanc de
céruse.

133. La variété des peintures proprement
dites, ou des représentations précises d'objets
pris dans la nature ou dans les arts humains,
est très-considérable, et c'est dans les tombeaux que cette variété se fait surtout remarquer. Outre les scènes religieuses ou funéraires, on y voit une foule de traits tirés de la
vie civile, militaire ou domestique, les travaux de l'agriculture, les échanges du commerce, la pêche, la chasse, des danses, des
jeux gymniques, des instrumens de musique,
des meubles d'une grande élégance ; enfin
des vues de jardins trés-étendus, ornés de
jets d'eau et de bosquets, et peuplés d'habitans qui se livrent à des occupations ou à
des divertissemens singuliers. On a recueilli
aussi un plan lavé, et des peintures sur papyrus, représentant des priapées et même des
caricatures spirituelles et piquantes. C'est là
de la peinture proprement dite, et non pas
du coloriage. Toutes les figures sont de profil ; la science de la dégradation des couleurs,

des lumières , des ombres et de la perspec-
tive, n'y est pas très avancée : c'est du dessin rehaussé par les couleurs ; mais on ne
peut pas pour cela refuser aux Egyptiens la
pratique de la peinture bien antérieurement
aux Grecs, quoique l'honneur du perfectionnement de l'art appartienne incontestable-
ment à ces derniers. La fidélité dans l'imitation
des couleurs des êtres naturels , a été portée
par les Egyptiens jusqu'au dernier point.

134. Les momies , les figurines d'hommes
ou d'animaux sont les produits de la peinture
égyptienne les plus communs. On y retrouvera cette fidelité scrupuleuse dont il vient
d'être parlé , selon toutefois que le morceau
est plus ou moins terminé. Les sculptures
peintes nous donnent d'ailleurs une idée
complète de la richesse et de l'élégance du
costume des rois et des grands personnages,
et quant aux dieux , on a déjà vu plus haut
que certaines couleurs étaient consacrées par
l'usage pour le nu de chacun d'eux, comme si
l'Egypte n'avait rien voulu laisser à l'arbitraire des fantaisies humaines.

SECTION II.

Étrusques, Grecs et Romains.

135. Les Etrusques cultivèrent aussi la peinture avant les Grecs, et Pline attribue aux premiers un certain degré de perfection, avant que les Grecs eussent échappé à l'enfance de l'art. De très-anciennes peintures, à Ardée en Etrurie, et à Lanuvium, avaient encore, du temps de Pline, toute leur fraîcheur primitive; on voyait aussi, selon Pline, des peintures plus anciennes à Céré, autre ville de l'Etrurie, et l'écrivain romain les loue encore très-particulièrement. On voit de nos jours, aux environs de Tarquinia, près de 2000 grottes ayant servi de tombeaux aux Etrusques; les pilastres sont chargés d'arabesques, et une frise qui règne autour des grottes, est composée de figures peintes, de deux à trois palmes de hauteur, drapées, ailées, armées, combattant ou traînées dans des chars attelés de chevaux. Ces scènes peintes sont très-variées; on y retrouve les idées des Etrusques sur l'état de l'âme après la mort, des combats de guerrier à guerrier,

des combats plus nombreux, un roi qui sur-
vient dans la mêlée, des danseuses, etc. Les
Étrusques peignirent aussi les bas-reliefs,
les statues, et employèrent l'application du
blanc de céruse, sur lequel le contour des
figures est tracé en noir, et où les autres
couleurs ont été disposées. Ce que nous avons
dit des caractères du style étrusque, se retrouve dans leurs peintures ; le style est le
premier guide dans les études archéologiques,
et les peintures des grottes de Tarquinia,
gravées dans l'ouvrage du savant Micali,
sont des exemples du style étrusque, très-
bons à étudier pour s'en faire une idée, et
l'appliquer à d'autres monumens du même
peuple.

136. Les *Grecs* portèrent la peinture au
plus haut degré de perfection. Leurs premiers
essais furent très-postérieurs à ceux des Egyptiens; ils ne datent pas même de l'époque du
siége de Troie, et Pline a remarqué qu'Homère ne parle nulle part de la peinture. Les
Grecs cultivèrent toujours la sculpture de
préférence; Pausanias ne cite que 88 tableaux
et 43 portraits; il décrit au contraire 2827
statues. Celles-ci étaient en effet un ornement

plus convenable aux lieux publics, et les dieux étaient toujours représentés dans les temples par la sculpture. Les Grecs passèrent par tous les degrés d'épreuves qu'exigeait le perfectionnement successif de la peinture; c'est du moins ce que dit l'histoire de cet art dans la Grèce, quoiqu'on puisse remarquer que, plusieurs siècles avant la guerre de Troie, les colonies égyptiennes aient pu leur faire connaître la peinture proprement dite, qui décorait des monumens bien antérieurs à l'époque de la migration de ces colonies. On indique toutefois de grands tableaux, tels que la bataille des Magnésiens en Lydie, par Bularchus, comme peints dès la 18ᵉ olympiade, au commencement du 7ᵉ siècle avant l'ère chrétienne. La Grèce eut, depuis, un grand nombre de peintres célèbres, qui traitèrent tous les genres, l'architecture, le paysage, l'histoire, les fleurs, les fruits, le portrait, l'allégorie, le burlesque et la caricature. Ils avaient des tableaux de petites dimensions, et transportables d'un lieu dans un autre; il paraît aussi que Parrhasius peignit la miniature.

137. La peinture était communément em-

ployée chez les Grecs dans la décoration des temples et des habitations. Ils en peignaient les murs en *détrempe*, soit *à fresque*, quand ils étaient fraîchement récrépis, soit quand ils étaient secs. Tout ce qu'on a écrit sur les peintures d'Herculanum et de Pompéi, donne une idée générale de la variété des sujets que l'imagination des Grecs créa dans cet art.

138. Les auteurs anciens parlent aussi de la peinture à l'*encaustique*, ainsi nommée parce qu'on employait le feu pour étendre et fixer les couleurs au moyen de la cire. Ceux qui ont tenté de retrouver ce procédé, ont obtenu des résultats divers, et l'on ignore encore si ces procédés ressemblent à ceux des Grecs. On croit qu'aucun de leurs ouvrages en ce genre ne nous est parvenu. On a cependant découvert, il y a quelques années, dans les environs de Rome, un portrait de la reine Cléopâtre, peinte en buste à l'encaustique, de grandeur naturelle, et sur une ardoise. Cet ouvrage a été apporté à Paris, et les opinions des savans ont été très-partagées sur son époque ; les uns le considéraient comme un tableau réellement antique et un exemple précieux de la peinture à l'encaus-

tique, ce que la fidélité du costume égypto-grec semblait confirmer; d'autres n'hésitaient pas à l'attribuer à un artiste du siècle de la renaissance des arts en Europe; enfin un Allemand a prétendu tout récemment, que ce portrait est l'ouvrage de Timomachus de Byzance, contemporain de la reine d'Egypte. De ces sentimens si opposés, la critique tirera peut-être un jour d'autres lumières et quelque certitude.

139. Il n'est pas nécessaire de s'étendre ici sur les diverses *écoles* de peinture en Grèce; il y en eut plusieurs, parce qu'il y eut beaucoup de bons maîtres. Mais leurs ouvrages étant perdus, la connaissance des caractères particuliers à chaque école, serait aujourd'hui très-oiseuse. Il suffit donc au but qu'on se propose ici, des notions générales qui se rapportent à la peinture. Les anciens artistes ajoutaient très-souvent le nom à la figure du personnage qu'ils représentaient; ils se distinguaient surtout par la correction du dessin, le sentiment, l'expression et la pose des figures, et l'idéal dont ils les animaient. Quant au coloris, la détrempe ne leur offrait pas les ressources des couleurs à l'huile, et

peut-être aussi que l'inobservation du clair-
obscur, le défaut de l'extrême harmonie qui
naît de la dégradation des nuances, laissaient
quelque chose à désirer à l'égard de cette
parfaite illusion qui fait le charme et le prix
des ouvrages modernes. Les artistes anciens
couvraient leurs tableaux d'un vernis appelé
atramentum; on en reconnaît encore quelques
traces sur les peintures d'Herculanum et de
Pompéi. On remarque enfin que les Grecs
mirent peu de figures dans leurs compositions, mais ils en soignèrent très-particulièrement l'expression. Ce qui nous en reste ne doit
point servir à asseoir notre jugement sur le
degré de perfection où l'art était parvenu ;
ce sont, en général, des travaux d'artistes
médiocres, de décorateurs de bâtimens, et
l'histoire nous donne une opinion plus avan-
tageuse des travaux des Grecs en peinture ;
elle en raconte même des merveilles. Ce que
nous dirons des vases peints, dans la section suivante, confirmera en quelque sorte
ces récits.

140. Les *Romains* connurent la peinture
par les Etrusques, leurs ancêtres et leurs voisins. La tradition leur attribue les premiers

ouvrages qui servirent à l'ornement des temples de Rome, et selon Pline, on n'y accorda
jamais beaucoup de considération ni à l'art
ni aux artistes. Fabius, le premier des Romains, peignit le temple de la déesse *Salus*,
et il reçut le surnom de *Pictor*, qui passa à
toute sa lignée, après lui avoir été donné
comme un sobriquet peu honorable. Quelques Romains cultivèrent cependant la peinture après lui; sous Auguste, Marcus Ludius
peignit des marines et des paysages, et le
paysage historique comme décoration des
maisons de campagne. L'exemple, ou plutôt
les prétentions de Néron, durent aussi encou-
rager la peinture à Rome; mais les artistes
romains furent néanmoins en très-petit nombre; les victoires des consuls et les rapines
des préteurs, suffirent pour orner Rome de
tous les chefs-d'œuvre de la Grèce et de l'I-
talie. Les artistes romains étaient les élèves
des Grecs; ce que nous avons dit de la peinture de ceux-ci s'appliquera également à celle
des Romains. Santo-Bartoli a publié des
peintures découvertes dans les ruines de
Rome, aux thermes de Titus, aux bains
d'Auguste, et dans le tombeau des Nasons;

mais les couleurs de quelques-unes ont singulièrement perdu de leur éclat ; il est en partie presqu'effacé.

141. Pour l'étude de la peinture des anciens, la galerie de Portici offre la collection la plus complète et la plus curieuse. On sait en effet, qu'au moyen de procédés mécaniques très-ingénieux, et, par une grande singularité, indiqués par un ancien, Varron, on est parvenu à enlever toutes ces peintures exécutées à fresque ou à sec sur les murs intérieurs des édifices de Pompéï et d'Herculanum. On ouvre le mur avec précaution autour de la peinture ; on renferme le carré qui la porte, dans un cadre de bois retenu par des crochets en fer ; on scie la partie postérieure du mur, on la remplace par un placage d'ardoises, solidement attachées par une forte gomme, et on enlève ainsi le morceau de mur tout entier. Il arrive aussi que lorsque la couche de l'enduit qui porte la peinture, est très-épaisse, elle a assez de solidité pour qu'on puisse, sans risque, la détacher du mur ; on l'encadre ensuite, et on la double d'ardoises comme à l'égard des tableaux qu'on a sciés.

SECTION III.

VASES PEINTS.

§ 1er. *Vases peints en général.*

142. Les *vases peints* sont au nombre des monumens les plus curieux, les plus élégans et les plus instructifs qui nous soient parvenus de l'antiquité. La beauté des formes, la finesse de la matière, la perfection des vernis, la hardiesse des compositions, la variété des sujets et leur intérêt pour l'histoire, donnent aux vases peints une importance peu commune parmi les productions de l'art des anciens. Aussi les vases peints ont-ils été recueillis avec un empressement assidu dès qu'ils ont été connus, et les plus remarquables ont été reproduits par le burin d'habiles graveurs, et expliqués par des savans célèbres. Les arts modernes et l'archéologie y ont cherché en même temps de beaux modèles et une instruction solide.

143. On les a connus pour la première fois au 17e siècle; Lachausse en publia quelques-uns dans son *Museum romanum*, en 1690; Ber-

ger et Montfaucon imitèrent son exemple ; Dempster en traita ensuite avec quelqu'étendue ; Gori , Buonarotti et Caylus ajoutèrent quelques notions générales à celles de Dempster ; Winckelmann ne pouvait les omettre dans son immortel ouvrage sur l'histoire de l'art des anciens, et il modifia , par la justesse de ses aperçus , les doctrines de ses prédécesseurs. Enfin la belle collection d'Hamilton, publiée par d'Hancarville en 1766 , mit les pièces de ce procès littéraire sous les yeux du public; Passeri soutint encore, après lui, l'opinion italienne relative à l'origine de ces vases; Tischbein, Boettiger et Millin se déclarèrent pour le sentiment de Vinckelmann, et l'étude de ces magnifiques monumens le confirme aujourd'hui dans tous ses points.

144. Les vases peints reçurent d'abord la dénomination de *vases étrusques;* Dempster, grand partisan de ce qu'on appelait l'étruscomanie, leur avait donné cette dénomination, et les antiquaires toscans la défendaient comme un titre d'illustration pour leur patrie. La comparaison impartiale des monumens n'avait pas encore établi de distinction fondamentale entre le style étrusque pro-

pre, et l'ancien style grec. Toute composition caractérisée par la roideur des traits, des plis droits dans les vêtemens, les cheveux longs et tressés, étaient attribuées aux Etrusques. On leur attribuait donc les vases peints qui offraient ces caractères, et malgré l'évidence des sujets empruntés aux idées mythiques des Grecs, malgré même les inscriptions toutes grecques qu'on y lisait, une tradition trop facile y reconnaissait tout ce qui pouvait expliquer les mœurs, les usages, les croyances et l'histoire même des Etrusques. On voulait enfin que ces vases fussent sortis des manufactures d'Arezzo, parce que Martial vante les poteries de cette ville, et l'on regardait comme y ayant été transportés par les Etrusques mêmes, ceux qu'on trouvait dans la Campanie, la Pouille, et même en Sicile.

145. Cette doctrine n'a pu tenir contre un examen tant soit peu réfléchi, surtout depuis qu'on a trouvé des vases peints à Athènes, Mégare, Milo, en Aulide, en Tauride, à Corfou, et dans les îles de la Grèce. Il est vrai que le plus grand nombre est tiré encore aujourd'hui de l'ancienne grande Grèce, de Nola,

de Capoue, Naples, Pæstum, etc., et de la Sicile ; mais on en trouve dans tous les pays de l'ancienne domination grecque.

146. On s'étonnerait de la parfaite conservation de monumens antiques si fragiles, si l'on ne savait qu'on les recueille dans des tombeaux, placés hors des villes, à une petite profondeur, excepté à Nola où ils sont à plus de 20 pieds de la surface à cause des éruptions du Vésuve qui ont exhaussé le sol. Les tombeaux sont bâtis en briques cuites ou en briques grossières, quelquefois aussi en grandes pierres, et ceux-ci sont plus spacieux. Ils forment une chambre sépulcrale dont les murs sont revêtus de stuc, et souvent ornés de peintures; le corps du mort est couché au milieu ; un petit vase est près de sa tête ; les autres, entre ses jambes, autour de lui, ou accrochés aux murs par des crochets en bronze ; le nombre et la richesse des vases répondent au rang du personnage pour lequel le tombeau fut construit. Il y a ordinairement un vase en aiguière dans sa patère ou cuvette. On y retrouve d'autres meubles et ustensiles, des armes et des bipennes, déposés en même temps que les vases.

147. Quant aux usages qu'en firent les anciens, les opinions sont partagées aussi : mais l'examen d'un grand nombre de vases permet de croire que les uns servirent aux usages domestiques, les autres aux cérémonies religieuses, quelques uns enfin ne furent qu'un ornement pour l'intérieur des habitations, et tels sont les plus grands, destinés par leur volume, leur poids et leur forme, à rester à la même place, et ceux même d'une moindre proportion, qui n'ont point de fond, et ne pouvaient rien contenir. On retrouve dans les uns toutes les formes des ustensiles nécessaires pour les repas, pour recevoir les mets, les vins et autres liquides, les onguens et les parfums; ceux-ci servirent donc aux usages domestiques. Les autres, par l'élégance de leurs formes et la recherche des ornemens, eurent une destination plus solennelle : le goût des arts en embellit les demeures des dieux et des hommes. La piété des parens orna le tombeau des morts de ceux de ces vases qu'ils avaient préférés durant leur vie, qui étaient associés à leurs habitudes ou leur rappelaient des circonstances dont ils

chérissaient le souvenir. Cet usage les a fait parvenir jusqu'à nous.

148. La diversité des sentimens sur l'origine des vases, en a jeté beaucoup aussi dans leur dénomination. A celle de *vases étrusques* succéda celle de *vases grecs*, trop générale encore ; Visconti voulut les nommer *græco-italiques* ; Arditi, *italo-grecs* ; Lanzi, *campaniens, siciliens, athéniens*, selon qu'on les trouvait dans la Campanie, la Sicile, à Athènes ; M. Quatremère de Quincy, *vases céramographiques* (d'argile peinte), et Millin, *vases peints*, en général, en ajoutant le lieu où ils ont été découverts. Il est possible de s'en tenir à une dénomination plus méthodique, en considérant, 1° que les vases peints forment une classe spéciale de monumens ; 2° qu'il est reconnu aujourd'hui que les Etrusques en fabriquèrent ainsi que les Grecs ; 3° que le sujet même de la peinture est le type le plus certain de leur origine, à l'égard des vases étrusques surtout, puisqu'on ne peut pas croire que les Grecs, qui ne cultivèrent les arts qu'après les Etrusques, aient peint sur des vases les mythes, les croyances ou l'histoire

de l'Etrurie, quoique les Etrusques aient pu
le faire pour les Grecs ; 4° que les vases qui
portent des sujets purement grecs, se retrouvent dans beaucoup de contrées et de lieux
différens, sans pour cela qu'ils portent aucun
caractère local, appartenant tous également
à l'art grec, et sans autre distinction que
celle qui résulte du style même, selon la plus
ou moins grande antiquité de l'exécution.
On peut donc adopter la dénomination générale de *vases peints*, distingués en *étrusques*, pour ceux qui sont l'ouvrage de ce peuple, et en *grecs*, pour ceux, en bien plus
grand nombre, qui n'ont pas une autre origine, et ceux-ci se classeront encore selon
leur ancienneté relative, prouvée par le style
des figures, les caractères, la forme et l'or-
thographe des inscriptions quand elles accompagnent la peinture. Nous adoptons ici
cette division qui nous a paru la plus simple
et la plus naturelle, pouvant également s'appliquer aux vases peints de tout autre peuple, si le hasard en faisait découvrir. Nous
observerons à ce sujet, qu'aucun passage
d'ancien auteur ne peut servir à jeter quelque lumière sur les incertitudes que font naî-

tre les opinions diverses émises à l'égard des vases peints : l'érudition n'a trouvé jusqu'ici, dans les écrivains grecs ou latins, rien qui leur soit expressément relatif, et cette singularité, quand il s'agit de monumens si riches, si variés et si nombreux, a été très-justement remarquée.

§ 2. *Vases peints étrusques.*

149. Les vases auxquels on ne peut contester cette origine, ont été trouvés à Volterre, Tarquinia, Pérouze, Orviete, Viterbe, Aquadendente, Corneto, et autres lieux de l'ancienne Etrurie. La terre dont ils sont composés est d'un jaune pâle ou rougeâtre ; leur vernis est terne ; le travail assez grossier ; les ornemens sont dépourvus de goût et d'agrément, et le style des figures a tous les caractères assignés déjà à celui des Etrusques (nº 97). Les figures sont dessinées en noir sur la couleur naturelle de l'argile ; quelquefois un peu de rouge est jeté sur le fond noir des vêtemens.

150. C'est au sujet surtout que l'on distingue les vases étrusques des vases grecs. Sur les premiers, les figures ont le costume par-

ticulier à la vieille Italie ; les hommes et les héros portent une barbe et une chevelure volumineuses ; les dieux et les génies, de grandes ailes ; on y reconnaît enfin des divinités, des pratiques religieuses, des usages, des attributs, des armes et des symboles différenciés de ceux des Grecs. Si une inscription en caractères étrusques, volsques, etc., tracée constamment de droite à gauche, accompagne la peinture, la certitude sur l'origine du vase est alors complète. Il est vrai que la plupart des caractères de l'ancien alphabet grec ont la même forme que ceux de l'alphabet étrusque; mais il y a dans celui-ci quelques signes particuliers qui peuvent prévenir toute confusion. On a vu plus haut que les vases peints étrusques sont très-rares et en très-petit nombre, comparativement à ceux qui sont dus aux arts de la Grèce.

§ 3. *Vases peints grecs.*

151. Ils sont faits d'une terre plus ou moins fine et très-légère. Leur couverte extérieure paraît être une espèce d'ocre jaune ou rouge, réduite en poussière très-fine, mêlée avec un corps gommeux ou hui-

leux, et appliquée au pinceau. La couverte intérieure est noire, et a l'éclat de l'émail. On croit qu'elle est formée avec une matière charbonneuse, de la plombagine ou de l'anthracite, appliquée sur le vase encore humide, ou bien délayée dans un coulis d'argile appliqué sur le vase sec, et qui a cuit avec lui, car, soumise à l'action d'une chaleur blanche, cette couleur n'a éprouvé aucune altération. On croit aussi que ce vernis pouvait avoir une base ferrugineuse. Le traité de la *céramie* des anciens, que M. Artaud va publier, jetera de nouvelles lumières sur cette partie intéressante de l'histoire des arts des anciens.

152. Les formes des vases dérivent en général de la forme de l'œuf ou de celle d'une cloche renversée; une espèce particulière approche de la figure d'une corne : on nomme ceux-ci *rythons*, *diota* les vases qui ont deux anses, et *patères* ceux qui ont la forme d'un disque. Ils sont de grandeurs très-variées ; on en connaît de plusieurs pieds de hauteur et d'un diamètre proportionné; il y en a qui n'ont pas un pouce de longueur. En général, les formes sont belles et gracieuses, le *galbe*

très-élégant, et les anses ajoutées avec beaucoup de goût, quelquefois très-ornées, et les
plus remarquables sont à col de cygne. (Pl. I,
fig. 14).

153. Les couleurs sont appliquées de différentes manières, qui constituent deux genres particuliers de vases. Les uns sont couverts en dedans d'une couleur noire ; le
dehors est un fond jaune ou rouge, et les
figures y sont tracées aussi en noir comme
une espèce de silhouette. On les appelle *vases
noirs* ; ils sont en général du premier style,
leurs sujets appartiennent aux plus anciennes
traditions mythologiques, et leurs inscriptions aux plus anciennes formes de l'alphabet
grec, écrites de droite à gauche ou en bous-
trophédon. Les vêtemens, les accessoires, les
harnais des chevaux et les roues des chars,
sont retouchés de blanc.

154. On couvrit ensuite tout le vase de la
même couleur noire, en épargnant seulement
en dehors la place et la forme des figures
qui sont alors de la couleur de la pâte du
vase ; les contours, les cheveux, les vêtemens,
etc., sont dessinés avec cette couleur noire.

155. Il y a donc deux classes générales de

vases grecs , déterminées par les figures qui sont *noires* ou *jaunes*. Mais il est à remarquer que les *vases de Nola* , ainsi appelés parce qu'on les trouve dans cette ville, quoiqu'à figures noires quelquefois, et même avec des figures noires et jaunes à la fois , ne remontent pas tous à la première époque de l'art grec. On trouve aussi sur les vases des figures du plus ancien style , mais dont les détails mieux terminés annoncent une époque moins reculée, et vraisemblablement l'imitation d'un sujet ancien très-accrédité , perfectionné par de meilleurs artistes. En général, les vases de Nola sont d'une terre très-fine et légère, de petites dimensions, mais de formes très-élégantes, avec des dessins très-bien exécutés, des sujets curieux , des compositions très-agréables, et le vernis noir très-brillant.

156. On doit remarquer les divers membres du vase , le pied, la panse , le col et les anses , l'ouverture qui le termine. Le sujet est sur un côté de la panse; quelquefois aussi il en occupe toute la surface , mais plus ordinairement une partie seulement, et alors il y a un *revers,* assez ordinairement insignifiant, composé de deux ou trois figures de vieillards

appuyés sur un bâton et qui instruisent un jeune homme, ou lui présentent quelqu'instrument ou ustensile; une bacchanale compose aussi parfois ce revers. Enfin on trouve encore deux sujets sur les deux faces du vase. Le pied, le col et les autres parties portent des ornemens en labyrinthe formé par des carrés liés entr'eux, en mœandres, en vagues, en palmettes, etc. (Pl. I, fig. 15); une couronne orne le col, ou bien une tête de femme, sortant d'une fleur, remplace la couronne; ces ornemens sont en général d'un très-bon goût; les anses en sont ordinairement décorées. Un vase peint a quelquefois deux rangs de peintures sur la panse; il est alors à deux *registres*.

157. On remarque des différences sensibles, outre celles du style, dans l'exécution de ces peintures. Elles ne sont pas toutes d'un grand mérite; mais la hardiesse des contours s'y montre généralement. Elles ne pouvaient être exécutées qu'avec la plus grande célérité, la terre absorbant très-vite les couleurs, et si cette ligne avait été interrompue, la reprise devenait sensible. On a cru que les figures étaient exécutées au moyen de patrons découpés qui, appliqués sur le vase, conser-

vaient dans le fond noir leurs masses principales jaunes, qu'on terminait ensuite au pinceau. Mais cette opinion d'Hamilton a été
abandonnée par lui-même, depuis surtout
qu'on a reconnu les traits d'une pointe avec
laquelle l'artiste avait d'abord esquissé sur
la terre molle, les conteurs essentiels, qu'il
arrêtait définitivement et terminait ensuite
au roseau ou au pinceau garni de couleur
noire, sans s'astreindre même à suivre le
trait tracé par la pointe. Ces traits même ne
s'observent que rarement : tout dépendait
donc de la science et de la hardiesse des artistes. Ils devaient être nombreux, puisque
les monumens de ce genre sont si communs,
et la plupart sont d'excellentes études pour
la correction du dessin et l'élégance de la
composition. Très-peu des artistes dont ils sont
l'ouvrage, y ont apposé leur nom ; on ne connaît guère que ceux de Lasimon, Taléidès,
Asteaï et Calliphon. Taléidès est le plus ancien ; ses dessins annoncent l'enfance de l'art,
et ceux des autres d'assez grands progrès ; le
nom se reconnaît au mot ΕΠΟΙΕΣΕΝ, ou bien
ΕΓΡΑΦΕΝ, ou ΕΓΡΑΨΕ, *faisait, peignait* ou *a
peint,* qui le suit immédiatement.

158. D'autres inscriptions se lisent aussi sur des vases, et elles leur donnent beaucoup plus de prix. Ce sont ordinairement les noms des dieux, des héros et autres personnages mythologiques, qui sont mis en action dans les sujets de la peinture. Ces inscriptions ont un double intérêt : 1° par la forme des caractères et l'ordre suivant lequel ils sont tracés, on peut connaître la plus ou moins grande antiquité du vase, ces inscriptions ayant dû suivre toutes les variations de l'alphabet grec; on examinera donc attentivement si l'inscription va de droite à gauche, si les voyelles longues H Ω, les lettres doubles Ψ Ξ, sont remplacées par les voyelles brèves ou les lettres simples; ce sont en général des signes d'antiquité relative qui prouvent celle du vase même; 2° parce que ces noms expliquent invariablement le sujet de la peinture, et indiquent même par un nom inconnu jusque-là, soit un personnage qui en portait quelquefois un autre, soit un personnage dont le véritable nom était ignoré, enfin des êtres mythiques dont les écrits qui nous restent des anciens, n'ont point parlé. Ces notions authentiques sont d'un très-haut intérêt pour

l'étude de la mythologie grecque, considérée
à diverses époques, et pour l'interprétation
et l'intelligence des anciens poètes tragiques ou lyriques. On a trouvé aussi sur des
vases, des inscriptions morales ou historiques,
en prose ou en vers : c'est comme un fragment
original d'un manuscrit des beaux temps de
la Grèce. Les lettres de ces inscriptions sont
majuscules ou cursives ; elles sont tracées
très-délicatement, et exigent souvent beaucoup d'attention pour être aperçues ; elles
sont en noir ou en blanc au pinceau, ou
bien gravées en creux avec un poinçon très-
fin. On doit les recueillir avec un grand soin ;
elles ajoutent d'ailleurs beaucoup à l'intérêt
et au prix d'un vase.

159. Le mot ΚΑΛΟΣ se lit très-fréquem-
ment, sur les vases qui portent des inscriptions, accompagné presque toujours d'un
nom propre. Il paraît que le peintre l'écri-
vait d'abord en exécutant le vase, et qu'on
y ajoutait ensuite, quand il sortait de ses
mains, le nom de la personne qui devait le
garder ; on trouve en effet des vases ou aucun nom ne suit ce mot grec qui signifie, en
général, *beau*. Avec la forme καλοκαγαθος,

c'était *beau et brave*, ce qui était le comble de l'éloge d'une personne. Il paraît que ΚΑΛΟΣ seul emporta ensuite les mêmes acceptions, et Mazzocchi l'a expliqué comme une acclamation d'amitié, d'attachement ou de reconnaissance en l'honneur de celui dont le nom le suit, et qui était écrit, soit par l'artiste qui lui faisait présent du vase, soit par l'ordre de celui qui l'offrait à la personne nommée sur le vase. C'était donc une sorte de *bravo*, de *vivat* pour cette personne. Guattani a pensé que le mot ΚΑΛΟΣ était écrit par l'artiste au-dessus de celle des figures de son vase qui obtenait le plus de suffrages quand il l'exposait en public; mais il faudrait pour cela que le nom propre écrit sur le vase fut aussi celui du personnage mythologique au-dessus duquel se trouve l'inscription, ce qui n'arrive pas. On s'en tient donc à l'explication plus simple et plus naturelle, qui fait du mot ΚΑΛΟΣ une véritable acclamation.

160. Les sujets représentés sur les vases peints, quoiqu'infiniment variés, peuvent se réduire à trois classes qui les renferment tous : 1° sujets mythologiques; 2° sujets héroïques; 3° sujets historiques; et leur étude

offre le double avantage de l'instruction et de l'agrément.

161. Les sujets mythologiques se rapportent à l'histoire de tous les dieux, et leurs aventures très-humaines y sont reproduites sous mille formes. C'est encore la connaissance de la mythologie grecque qui peut seule en expliquer les personnages et les circonstances; mais elle ne suffit pas toujours, et ce n'est pas trop quelquefois de toutes les ressources d'une érudition profonde. Mais il est reconnu que la plus grande partie des peintures de vases sont relatives à Bacchus, à ses fêtes et à leurs mystères. On y voit sa naissance, son enfance, son éducation, tous ses exploits, ses débauches, ses banquets et ses jeux; ses compagnons habituels, ses pompes religieuses, les *lampadophores* agitant leurs longues torches, les *dendrophores* élevant des branches d'arbre, ornées de guirlandes et de tablettes; les initiés se préparant aux redoutables mystères, enfin les cérémonies particulières à ces grandes institutions, et les circonstances relatives à leurs dogmes et à leur but.

162. Les sujets héroïques représentent

également les actions des héros de l'ancienne Grèce, Hercule, Bellérophon, Cadmus, Persée et Andromède, Actéon, Danaüs, Médée, les Centaures, les Amazones, etc.; et la Théséide ou mythe de Thésée, ne fut pas moins fertile pour les artistes que l'Heracléide même ou mythe d'Hercule.

163. Les sujets historiques commencent avec la guerre de Troie, et les peintres comme les poëtes trouvèrent dans cet événement un vaste champ pour exercer leurs talens et leur imagination. Les principaux acteurs de ce drame mémorable reparaissent sur les vases, ainsi que les circonstances qui furent pour les princes qui y prirent quelque part, le résultat de leur présence devant Ilium; mais il est à remarquer que l'ensemble de ces sujets historiques ne s'étend pas en deçà des Héraclides. On peut considérer comme appartenant à la classe des vases historiques, les peintures relatives à des usages publics ou domestiques, les travaux intérieurs, les jeux, les repas, les représentations scéniques, les combats d'animaux, la pêche, la chasse et les sujets funéraires; sous ce rapport, les vases peints sont d'un intérêt tout particu-

lier pour l'étude des mœurs et des usages de l'ancienne Grèce, et de ceux que les Romains adoptèrent d'elle par imitation.

164. On doit placer ici une remarque importante, relative à la variété des sujets mythologiques, héroïques et même historiques. Ces sujets, les premiers et les seconds surtout, semblent former une mythologie et une histoire héroïque à part de celles des poëtes et des prosateurs grecs. On voit sur les vases, des personnages inconnus aux écrivains, des scènes entières qui le sont aussi, et qui ne s'expliquent par aucune tradition écrite, ou qui sont figurées avec des circonstances que l'histoire n'a pas connues ou ne nous a pas conservées. On juge par là combien l'étude approfondie des vases peints, peut ajouter encore à ce que l'antiquité classique nous apprend des temps primitifs de la Grèce. On a, du reste, remarqué aussi que la mythologie des poètes n'est pas toujours conforme à celle des prosateurs ; et parmi les poètes même, celle des lyriques diffère souvent de ce qu'ont écrit les poètes tragiques. Le temps peut expliquer ces anomalies importantes ; les traditions devaient s'altérer, et il put ar-

river une époque, celle des grands écrivains de la Grèce, par exemple, où dans cette confusion, il s'établit une espèce d'*ecclectisme* qui laissait au poète, au mythographe, etc., la liberté de choisir parmi ces traditions, soit celle qui convenait le plus au but et à la nature du poëme, soit celle qui paraissait la plus vraisemblable. Les vases peints, les plus anciens surtout qui sont antérieurs à ces écrivains, nous en apprennent donc plus, ou nous apprennent autre chose que leurs ouvrages : c'est ce qui donne à l'étude de ces monumens un intérêt si grand et un charme réel ; ils représentent d'ailleurs authentiquement la véritable histoire de l'art chez les Grecs depuis son origine jusqu'à sa perfection.

165. Il est très-singulier qu'aucun auteur ancien, ni Pline même, n'ait parlé des peintures de vases, quoique ces meubles élégans fussent d'un usage si général ; on ne connaît même aucun passage qui soit très-clairement relatif à ces vases. Sénèque raconte, il est vrai, que les colons établis à Capoue par Jules César, détruisaient, pour bâtir des maisons de campagne, les plus anciens tombeaux, et même avec une espèce

d'ardeur, parce qu'ils y trouvaient des vases antiques, (*aliquantum vasculorum operis antiqui reperiebant.*) Quelques critiques ont avancé que *vascula* pouvait s'entendre de vases de bronze, les *vascularii* étant bien distincts des *fictilarii*. Cependant comme il s'agit ici de Capoue, et qu'on ne trouve dans ses tombeaux antiques, que des vases de terre, il est très-vraisemblable que la phrase de Sénèque peut s'appliquer aux vases peints qu'on recueille encore si abondamment dans ces tombeaux. Les Romains purent donc les connaître; et cette opinion semble justifiée par l'observation suivante.

166. Les Grecs d'Italie inhumaient les corps sans les brûler; on ne trouve donc pas dans les tombeaux grecs de cendres humaines enfermées dans les vases; ceux-ci sont placés aux côtés du corps couché sur le sol. On a découvert cependant quelques vases remplis de cendres, et d'ossemens à demi-brûlés; et comme l'usage des Romains était de brûler les morts, on en a conclu que le vase d'abord, déposé vide dans une sépulture grecque, en avait été tiré, et qu'il avait ensuite servi d'urne cinéraire à un Romain.

Ces substitutions n'étaient pas rares dans l'antiquité, et il y a au musée du Louvre, un vase en albâtre oriental, exécuté en Egypte, qui porte le nom de Xercès en hiéroglyphe et en caractères cunéiformes, et qui a servi ensuite d'urne cinéraire à un membre de la famille romaine Claudia, comme le montre l'inscription latine gravée sur la panse du vase, à l'opposite des inscriptions égyptienne et persane.

167. En sortant des fouilles, le vase est couvert d'une couche de terre blanchâtre, assez semblable à du tartre et de nature calcaire ; elle disparaît au moyen de l'eau-forte. Mais cette opération doit être faite avec beaucoup de précautions ; l'acide ne mord pas sur le vernis noir du vase, mais il peut promptement altérer les autres couleurs. Quand les peintures ont souffert par les sels terreux, on les restaure en raccordant les couleurs affaiblies avec celles qui subsistent encore. Mais ce travail de restauration, surtout si l'artiste se permet d'y ajouter des détails qui ne sont pas évidens dans l'original, peuvent altérer ou métamorphoser un sujet, et l'archéologue doit tenir peu de compte de

ces travaux modernes dans l'étude d'un vase peint. Quelquefois on a enlevé ces repeints, et reconnu au - dessous le véritable sujet de la peinture.

168. Quant aux imitations faites soit pour l'amour de l'art, soit par des faussaires, les premières sont très-louables et ont concouru puissamment au perfectionnement de la céramie des modernes; les secondes sont très-blâmables, et des amateurs distingués y ont été trompés. *Pietro Fondi*, qui avait établi ses fabriques à Venise et à Corfou, a particulièrement réussi dans ce genre d'escroquerie; il y en a de plusieurs espèces: le vase est antique, mais les peintures sont modernes; on a ajouté des détails et des inscriptions aux peintures antiques; sur un vase noir, on a enlevé le vernis par places pour découvrir la couleur de la terre, et on y a peint des figures; mais les différences du style du dessin, la multiplicité des détails, les ongles indiqués aux doigts de la main et du pied, trahissent bientôt cette fraude, de même que la grossièreté de la terre qui rend les vases plus pesans, et l'éclat métallique du vernis. L'épreuve qu'on fait subir aux couleurs des va-

ses faux, est aussi très-concluante : si le faussaire a employé des couleurs détrempées dans de l'eau ou de l'alcool, il suffit de passer dessus de l'eau ou de l'esprit-de-vin pour les faire disparaître ; les couleurs antiques ayant été cuites avec le vase, résistent à cette épreuve.

169. Les gouvernemens, à l'exemple de l'Angleterre, ont reconnu toute l'utilité des collections de vases peints pour l'avancement des arts utiles et des beaux arts. Les collections publiques se trouvent dans les grandes villes de l'Europe et à Paris, à la manufacture de porcelaine à Sèvres, et au cabinet des antiques de la bibliothèque du roi. La collection du musée du Louvre l'emporte sur toutes les autres de Paris, depuis qu'on y a réuni celle de M. Durand, si remarquable par le nombre et la variété des vases, par leur élégance, leur grandeur, et par la richesse des peintures de quelques-uns d'entr'eux. Des amateurs éclairés s'empressent aussi d'orner leur cabinet de ces beaux et précieux monumens, de les livrer aux investigations des artistes et des archéologues, et l'on peut citer particulièrement les collec-

tions formées à Paris par M. le duc de Blacas, le comte Portalis et le baron Roger. Il en existe encore de publiques ou de particulières, en Italie, en Angleterre et en Allemagne. Beaucoup d'amateurs ont aussi réuni un plus ou moins grand nombre de vases.

170. Quelques-unes de ces collections ont été publiées ; d'habiles artistes ont reproduit les formes et les peintures des vases ; des savans distingués en ont expliqué les sujets. Telles sont la première collection d'Hamilton expliquée par d'Hancarville ; la seconde, par Tischben et Italinski ; celle de Dresde, dont Boettiger a décrit les plus remarquables, etc. Il existe aussi des recueils gravés, dont les sujets sont tirés de divers cabinets, et tels sont, entr'autres, celui de Passeri, *Picturæ Etruscorum in vasculis nunc primùm collectæ*, Romæ, 1767-1773 ; 3 vol. in-fol., et celui de Millin, *Peintures de vases grecs*, 2 vol. in-fol. On trouve aussi dans les recueils académiques et les journaux littéraires de l'Europe, dans ceux de l'Italie surtout et dans les ouvrages d'archéologie, la description de quelques vases peints isolés. Les études dont ils sont l'occasion paraissent iné-

puisables, et appellent le concours des savans de tous les pays. Nous avons tâché de
réunir dans ce résumé, trop sommaire sans
doute, les principes généraux qui peuvent
conduire à la connaissance de ces curieux et
utiles monumens, si intéressans à la fois
pour l'histoire et les beaux arts.

171. Quant aux vases de tout autre genre
que les vases peints, et dont les formes, la
matière, la destination, intéressent également l'archéologue, nous en parlerons dans
le chapitre général des meubles, armes et
ustensiles des anciens, et nous les considé-
rerons par rapport à leurs usages religieux,
domestiques ou funéraires. Nous embras-
serons ainsi l'ensemble de ce genre de monumens, le plus nombreux dans les collections d'antiquités, et pour lesquels les anciens employèrent les matières les plus précieuses comme les plus communes. Nous
complétons ce que nous avions à dire des
ouvrages de peinture, par quelques notions
principales sur les *mosaïques*.

SECTION IV.

Mosaïques.

172. La *mosaïque* n'est en effet qu'une sorte de peinture exécutée par l'assemblage de pierres ou de pâtes de couleurs diverses, appliquées sur un mastic, et qui formeut ainsi des représentations de toute espèce, comme les couleurs mariées par le pinceau. Les anciens peuples connurent l'art de la mosaïque, et on le croit originaire de l'Asie, où l'on composa des tableaux de ce genre, à l'imitation des beaux tapis fabriqués de tout temps dans ces contrées.

173. Les *Egyptiens* l'employèrent, très-vraisemblablement, à plusieurs usages; on n'en a cependant trouvé aucune trace dans les temples ni dans les palais dont les ruines subsistent encore. Mais on voit dans la collection égyptienne de Turin, un fragment de cercueil de momie, dont les peintures sont exécutées en mosaïque, et avec une précision et une fidélité surprenantes. La matière est un émail; les couleurs sont très-diverses, et leur variété rend avec une ressemblance par-

faite le plumage des oiseaux. L'assemblage des morceaux innombrables qui composent chaque figure, ne laisse rien à désirer. C'est, je crois, le seul exemple connu jusqu'ici de la mosaïque égyptienne ; mais la difficulté de son exécution permet de supposer qu'ils l'employèrent à des usages qui n'exigeaient pas cette perfection.

174. Les *Grecs* portèrent l'art de la mosaïque au plus haut degré. Ménageant habilement les nuances, et donnant aux figures une grande harmonie dans ces compositions, elles ressemblaient, pour peu qu'on s'en éloignât, à de véritables peintures. Leur goût se montra encore dans les ouvrages de ce genre.

175. On donna à la mosaïque des noms différens, selon qu'elle était exécutée en morceaux de marbre d'une certaine grandeur, et c'était alors le *lithostroton, opus sectile;* ou bien en petits cubes, et dans ce cas c'était l'*opus tesselatum,* ou bien *vermiculatum,* les cubes de pierre qui suivaient des lignes courbes imitant ainsi la marche des vers. Enfin on nommait *asaroton,* la mosaïque destinée à orner le pavé d'une salle, et sur laquelle on re-

présentait des restes de viande qui paraissaient être tombés de la table.

176. La mosaïque servit à la fois à orner les pavés, les murs et les plafonds des édifices publics et privés. Les Grecs préférèrent en général les marbres à toute autre matière ; ils construisaient en pierres plates un fond solidement contenu, qu'on couvrait d'un mastic épais, et l'artiste, ayant sous les yeux le dessin colorié qu'il avait à exécuter, ou le tableau qu'il copiait, implantait les cubes colorés dans le mastic, et polissait toute la surface quand elle était consolidée, en ayant soin toutefois que la trop grande perfection du poli ne nuisît, par ses reflets, à l'effet général de son ouvrage.

177. Le plus grand avantage de la mosaïque était de résister à l'humidité et à tout ce qui altère les couleurs et la beauté de la peinture. Celle-ci ne pouvait pas d'ailleurs être employée dans les pavés des édifices, et les mosaïques leur donnaient une grande élégance. On peut se faire une idée de la perfection où les Grecs portèrent cet art, par la mosaïque du capitole, trouvée dans la Villa

Hadriani près de Tivoli, et qui représente un vase rempli d'eau; sur ses bords sont posées quatre colombes dont une est dans l'attitude de boire. On croit que c'est la mosaïque de Pergame dont Pline a parlé, et elle est remarquable comme étant entièrement composée de cubes de pierre, sans mélange de pâte ni de verres coloriés.

178. On peut considérer les mosaïques de cette espèce comme les plus antiques : ce ne fut que peu à peu que l'art de colorer le marbre, les pâtes et le verre, multiplia les matières propres aux mosaïques, et en rendit en quelque sorte l'exécution plus facile. Elle fut poussée, sous ce rapport, à un point qu'on n'a pas surpassé. La mosaïque trouvée en 1763 près de Pompeï, et qui représente trois femmes portant des masques comiques, jouant de différens instrumens, et ayant un enfant auprès d'elles, est d'un travail si fin, que Vinckelmann assurait qu'on ne pouvait le reconnaître qu'à l'aide d'une loupe. On y lit le nom de l'auteur, Dioscorides, de Samos.

179. Les sujets représentés sur les mosaïques, sont très-variés et tirés ordinairement

de la mythologie et de l'histoire héroïque. On y voit aussi des paysages, des grotesques, et de simples ornemens en zônes, en méandres, en còmpartimens, entremêlés quelquefois de tritons, de néréides, de centaures, etc. Le sujet principal est au milieu, le reste lui sert comme d'encadrement.

180. On enlève les mosaïques antiques, pour les placer dans les édifices modernes, au moyen de procédés fort ingénieux. On fixe soigneusement avec du mastic, les cubes qui s'ébranlent ; on coupe ensuite le tableau en quartiers d'un à deux pieds, selon sa grandeur et sa solidité ; on les place sur des pierres plates d'une surface analogue, encadrées en fer, et qu'on numérote avec attention ; on replace ensuite ces quartiers sur le parquet où on les fixe dans leur ordre primitif, et la mosaïque ne paraît pas avoir été déplacée. On juge facilement que, pour découper les quartiers, il n'est pas indifférent d'avoir égard au dessin des figures, afin de tomber, s'il est possible, sur les intervalles qui les séparent, et de conserver intact le sujet principal tout entier.

181. *Les Romains* perfectionnèrent l'art de

faire les mosaïques; non sous le rapport
du goût et de la composition, mais en ajoutant des matières nouvelles à celles que les
Grecs avaient employées. Ils connurent ce
genre d'ouvrage par leurs conquêtes, et vers
la fin de la république, ils transportèrent à
Rome les beaux pavés de ce genre trouvés
dans les villes grecques qu'ils avaient soumises. Sylla fit exécuter la première mosaïque
d'origine romaine, dans le temple de la Fortune à Palestrine, où elle subsiste encore en
grande partie. Les mosaïques devinrent ensuite d'un usage général, et l'on en fabriquait
de portatives pour les tentes des princes et
des généraux en campagne : César en faisait
porter une dans ses expéditions militaires.
Au temps d'Auguste, on employa surtout
le verre colorié; et sous Claude, on réussit
à teindre le marbre et même à le tacheter.

182. Pour reconnaître l'âge d'une mosaïque, on doit donc avoir égard à la nature
des matières qui s'y trouvent employées;
plus elles seront multipliées, plus on y employa de matériaux factices et produits par
le travail des hommes, moins la mosaïque
sera ancienne; et ici nous parlons de cel-

les qui sont distinguées par la finesse de l'exécution et la variété des nuances. Les pavés romains les plus communs, sont en cubes de pierres naturelles, et forment tout au plus des bandes plus ou moins larges, de couleurs différentes et assez grossièrement assemblées. Dans le bas empire, on vit à Constantinople des mosaïques en perles et en pierres précieuses, et la richesse de la matière était ainsi substituée aux beautés de l'art qui avait dégénéré.

183. Le nombre des mosaïques romaines qui nous sont parvenues, quelquefois dans un état parfait de conservation, est assez considérable. On en a découvert de fort belles à Lyon, Vienne, Nismes, Aix, Riez, Orange, et dans tout le midi de la France. M. Artaud les a publiées avec une fidélité qui doit servir d'exemple à ceux qui reproduisent les monumens de l'antiquité. Celles de Vienne, dont une représentait Achille au milieu des filles de Lycomède et reconnu par Ulysse qui lui montre des armes, ont péri presque toutes. La belle mosaïque de Lyon, où sont figurés les jeux du cirque, expliquée aussi par M. Artaud, orne le musée

de cette ville avec quelques autres également intéressantes, et les soins qu'on s'est donnés pour les conserver et les restaurer, mérite d'être imité.

184. Ce qui a été dit plus haut sur les divers sujets des mosaïques grecques, s'applique aussi aux mosaïques romaines. Les dieux et les héros, leurs mythes tels que l'antiquité les a faits, s'y retrouvent le plus souvent ; les ornemens sont les mêmes, et l'on ne trouve en France que des ouvrages romains. Nous citerons, en finissant sur ce sujet, et comme un bel exemple de mosaïque historique, le beau pavé découvert à Palestrine, remarquable par son étendue et le nombre des scènes qui s'y trouvent figurées ; l'abbé Barthélemy a reconnu qu'il représente le séjour de l'empereur Hadrien en Egypte. On y voit des courses sur le Nil, des sacrifices devant les temples, des jeux et des fêtes publiques, la chasse aux animaux féroces, et un grand nombre d'inscriptions grecques qui sont les noms de ces divers animaux, parmi lesquels il y en a d'inconnus. L'aspect général de cette sorte de carte topographique, l'architecture des édifices et l'espèce de quelques-uns

des animaux, ne permettent pas de douter en effet que cette scène riche et variée ne se passe en Egypte. Vinckelmann a cru y reconnaître Ménélas et Hélène passant dans cette illustre contrée. Le travail n'en est pas très-fin, et les cubes ont en général de trois à quatre lignes de côté.

185. Les nombreuses analogies qu'on remarque dans l'histoire des arts chez les Etrusques et chez les Grecs, permettent de croire que les premiers composèrent aussi des mosaïques ; mais il n'y en a point de connues ou de bien authentiques jusqu'à présent ; et quant aux Gaulois, rien ne permet de leur en attribuer. On a trouvé à Nismes, il est vrai, une figure en mosaïque, portant un flambeau et ayant un chien à ses pieds : telle était, dit-on, la déesse gauloise Néhalénia ; mais cette figure peut être un ouvrage romain. On sait que, sous la domination romaine, les divinités locales des Gaulois ne cessèrent pas d'être l'objet de leur culte ; leurs noms se retrouvent encore dans les inscriptions latines recueillies dans les Gaules ; on ne peut donc pas, malgré les mosaïques de Nismes, attribuer aux Gaulois, si

éloignés du goût des constructions, la connaissance ni l'usage des mosaïques, avant l'époque de la domination romaine dans les Gaules.

186. Pour compléter ce traité sommaire d'archéologie, il nous reste à parler des productions de la gravure, qui comprennent les *pierres gravées*, les *inscriptions* et les *médailles*, et comme appendice général de l'ouvrage, des *meubles*, *armes et ustensiles* en tout genre, objets les plus nombreux dans toutes les collections et qui sont d'un si grand secours pour la connaissance des usages et des arts industriels de l'antiquité. Ces divers genres de monumens intéressent aussi plus particulièrement l'archéologue, qui a plus d'occasion de les étudier et de les recueillir. Nous réunirons, dans le second volume de cet ouvrage, les notions élémentaires les plus utiles pour leur étude. La science des inscriptions exige toutes les ressources d'une solide érudition, à l'égard des inscriptions grecques surtout; celle des médailles n'est pas moins vaste, et l'on reconnaît assez quel est l'intérêt des unes et des autres pour l'histoire, à l'attention particulière que leur accordent les plus habiles cri-

tiques, à leurs efforts pour parvenir à l'entière intelligence de ces monumens contemporains des événemens qu'ils rappellent et dont ils sont comme des témoins irrécusables. Les pierres gravées sont aussi, avec les vases peints, les plus élégantes, les plus riches, les plus intéressantes productions des arts des anciens. En nous occupant de ces divers sujets dans la suite de cet ouvrage, nous n'aurons garde d'oublier que nous n'écrivons qu'un traité sommaire, dont le vrai mérite consiste moins dans l'universalité des préceptes, que dans leur certitude même : s'il n'enseigne rien à l'érudit de profession, il doit du moins instruire l'amateur, auquel il est principalement destiné; et surtout ne pas l'égarer dans de fausses routes. Si l'on remarque des erreurs, nous prions de ne pas les attribuer au défaut de zèle, de notre part, mais bien plutôt à la variété des sujets qui sont traités : nous avons tâché de rester fidèles aux leçons des doctes maîtres dont les travaux nous ont servi de guide.

VOCABULAIRE

DES MOTS TECHNIQUES

DE LA PREMIÈRE PARTIE

DE L'ARCHÉOLOGIE.

A

AÉTOS. *Aétoma. Fronton* des temples grecs. *Voyez* ce mot, 46.

AGATHODŒMON. Le bon génie, 142.

AGONOTHÈTES. Juges du *théâtre*, 73.

AMENTHI. L'enfer des Égyptiens, 86.

AMPHITHÉÂTRES. Lieu où se donnaient les combats d'animaux, des gladiateurs, etc. *Théâtre double.* 76.

ANDRONITIS. Appartement des hommes dans les maisons grecques, 34.

ANTIQUUM. *Voyez* Incertum.

ANTI-THALAMUS. Salon de réception qui précédait la chambre à coucher des dames grecques, 35.

APODYTERIUM. La salle des *thermes* où l'on se déshabillait; le *Spoliatorium* des Romains, 81.

AQUEDUCS. Construction pour la conduite des eaux, 114.

ARC DE TRIOMPHE. *Arcs* et *portiques* élevés en l'honneur d'un prince, etc., 82.

AREA. Sol intérieur du *cirque*, 77.

AREA. *Portique* des temples grecs, 44.

ARÈNE. Sol intérieur de l'*amphithéâtre*, 76.

ASAROTON. *Mosaïque* représentant des morceaux de viande tombés d'une table, 207.

ATELLANES. Pièces de théâtre satiriques : nom tiré de celui de la ville d'*Atella* où ce genre fut d'abord cultivé, 74.

ATRAMENTUM. Vernis dont les peintres de l'antiquité couvraient leurs tableaux. 176.

ATRIUM. Vestibule des maisons romaines, 36.

ATTRIBUTS. Les ustensiles et les ornemens qui sont
spéciaux à la représentation d'un dieu, d'un héros, etc.,
comme la massue pour Hercule, les pampres pour
Bacchus, 163.

AUTELS. Égyptiens, 52. — Grecs, *idem.* — Gaulois.
Voyez Pierres levées.

ANIMAUX. Sur les monumens égyptiens, 149. —
Étrusques, 154.

B

BAINS ou Thermes. *Voyez* ce mot, 80.

BALNEUM. Bains d'eau chaude, 81.

BASE. Partie de la *colonne* qui en porte le *fût*, 55.

BAS-RELIEFS, 163.

BIPENNE. Hache à deux tranchans, 152.

BUSTES, 115.

C

CAMPS ROMAINS, CAMPS DE CÉSAR. Lieux pour
la station des armées en campagne, 113.

CANOPES. *Vases* de diverses matières, au nombre de
quatre, dont les couvercles portent quatre têtes différentes (de femme, de *schakal*, de *cynocéphale*, d'*épervier*), et qui contenaient les viscères embaumées des
momies auprès desquelles on les trouve, 94.

CAPSARII. Ceux qui avaient le soin des habits dans les
bains romains, 81.

CARCERES. Lieux où étaient logés les animaux féroces,
les chevaux et les chars dans un cirque, 78.

CARIATIDE (pilier). Figure humaine adaptée à un pi-
lastre et supportant un entablement, 39.

CARTOUCHE. Encadrement elliptique contenant les
noms en hiéroglyphes des rois d'Égypte et des dieux
dynastes qui furent rois, 145.

D

DIVINITÉS. Égyptiennes de toutes sortes 131. — Étrusques, grecques et romaines, 152.

D. M. *Diis manibus.* Invocation aux dieux manes dans les inscriptions funéraires des Romains, 106.

DYNASTES. Qualification des dieux égyptiens qui avaient été rois de la contrée, 146.

E

ECHEA. Vases de bronze ou de terre destinés à renforcer la voix des acteurs au théâtre, 74.

ECCLECTISME. Liberté de choisir parmi les traditions diverses sur le mythe d'un dieu, 198.

ELÉOTHESIUM. Lieux où l'on conservait les huiles et les parfums pour les bains, 81.

EMPLECTON. Construction d'un mur dont les deux paremens étaient en pierres de taille, et l'intervalle rempli de moellons noyés dans le ciment, 29.

ENCAUSTIQUE. Peinture exécutée par l'action du feu, 174.

ÉPERVIER. Symbole de plusieurs divinités égyptiennes, 143.

EURIPUS. Fossé qui séparait l'*area*, l'*aira* ou sol intérieur du *cirque*, des *gradins*, 77.

EXCUNEATUS. Celui qui ne trouvait pas à se placer au théâtre. *Voyez* le mot *coin*, 72.

F

FIGURES, FIGURINES. Sorte de petites statues, 115.

FIGURINES funéraires placées autour des *momies* égyptiennes, et portant toutes le nom du mort, 95.

FRESQUE. Peinture sur un mur fraîchement recrépi, 174.

FRIGIDARIUM. Chambre des bains froids chez les Romains, 81.

FRONTON. Construction du triangle obtus qui s'élève au-dessus de l'entablement; les Grecs en plaçaient un à chaque façade antérieure et postérieure de leurs temples, *Voyez* les mots *Aëtos* et *Aëtoma*, 55.

FUT. Corps d'une *colonne*, 55.

G

GAINE. Figure en gaîne, dont la tête et les pieds seuls sont figurés en bosse et paraissent sortir d'une gaine, 116.

GRADINS. Degrés de pierre qui servaient de base aux temples des anciens, 50.

GYNOECONYTIS ou GYNOECÉE. Appartement des femmes dans une maison grecque; 34.

H

HÉXASTYLE. Façade à six colonnes, 46.

HIERACOCÉPHALE. À tête d'*épervier*, 140.

HIÉRATIQUES. Caractères tachygraphiques des signes hiéroglyphiques.

HIÉRON. Enceinte sacrée, renfermant les temples, chapelles, terres et bois consacrés, habitation des prêtres, etc., 44.

HIPPODROME. Lieu où se faisaient les courses de chevaux et en chars, 79.

H. M. H. N. S. *Hoc monumentum hæredes non sequitur.* Formule relative aux tombeaux, 107,

H. M. AD. H. N. TRANS. *Hoc monumentum ad hæredes non transit.* Même formule, 107.

HYPOETON. Temple à cella découverte, 51.

HYPOCAUSTUM. Fourneau souterrain qui distribuait la chaleur pour le service des bains, 81.

HYPOGÉES. Excavations dans la Thébaïde et servant de tombeau, 85.

I

INCERTUM ou ANTIQUUM. Construction en pierres brutes assemblées le mieux possible, 31.

ISODOMUM. Construction en pierres taillées de la même hauteur et en général très-longues, 29.

K

KALOS, Κάλὸς, (Beau et Bon). Espèce d'acclamation qui se lit sur les *vases peints* grecs, 159.

L

L. ou LEVG (*leuga* ou *leugæ*). Lieue, distance en *lieues*, marquées sur les *colonnes milliaires* d'une partie de la Gaule, 60.

LABRA, SOLEA, ALVEI. Baignoires, 81.

LACONICUM. Chambre chaude dans les *thermes* des Grecs, 81.

LAMPADOPHORES. Les suivans de Bacchus qui portaient des branches dans les cérémonies, 196.

LITHOSTROTON, *Opus sectile*, *Mosaïque*. Morceau d'une certaine grandeur, 207.

LITUUS. Bâton recourbé en volute, 139.

LOTUS. Plante aquatique d'Égypte (*Nymphæa lotus*), 40.

LOUTRON. Pour les Grecs, le même que le *Frigidarium* des Romains. *Voyez* ce mot, 81.

M

M. ou MP. (*Milliarium*, ou *milliarium passuum*). Marque des distances en milles, sur les *colonnes milliaires.* 60.

MAISONS. Chez les Grecs, 34. — Les Romains, 36.

META. Borne du *cirque*, 78.

MITRE. Partie supérieure du *Pschent*. *Voyez* ce mot, 137.

MOMIES humaines. Corps embaumés. — Égyptiennes, 89. — Gauloises, 105.

MONOPTÈRE. *Temple* formé par un rang circulaire de *colonnes* sans mur, 50.

MONUMENTUM. Monument funéraire en l'honneur du mort, et séparé de son corps, 106.

MORTIERS et *cimens*, chez les anciens, 32.

MOSAIQUE. Sorte de peinture par l'assemblage de petites pierres de diverses couleurs, 205.

MYTHE. Histoire fabuleuse d'un dieu ou d'un héros,
156.

N

NAOS. Répond chez les Grecs à la *cella* des Romains,
Voyez ce mot. 44.

NAUMACHIES. Lieu où l'on donnait les combats simulés des vaisseaux, 78.

NILOMÈTRE. Colonne graduée servant à mesurer l'élévation du Nil, 135.

NUCLEUS. Mélange de chaux, craie, terre, corroyées
et battues : troisième couche supérieure des voies
romaines, 112.

O

OBÉLISQUE. Pierre quadrangulaire isolée, d'une longueur considérable, et dont l'épaisseur diminue de la
base au sommet, 61.

OCTASTYLE. Façade à huit colonnes, 46.

OISEAU A TÊTE HUMAINE. Figure de l'âme dans
la mythologie figurée des Égyptiens, 149.

ONCTUARIUM. Le même que l'*Eleothesium*. *Voyez* ce
mot, 81.

OPISTODOME ou POSTICUM. *Voyez* ce mot, 45.

OPUS SECTILE. *Mosaique* ou morceaux de marbre
d'une certaine grandeur, 207. — *Tesselatum*, en petits cubes; *idem*. — *Vermiculatum*, dont les couleurs
imitaient par des lignes courbes la marche d'un ver,
idem.

ORDRES d'architecture grecs et romains, 56.

P

PAPYRUS. Pellicule d'une plante de ce nom convertie
en matière analogue au papier, et destinée aux mêmes
usages, 96.

R

S

STADE , STADION *Voyez* Cirque, 77.

STATUES , 115.

STATUMEN. Couche inférieure des *voies romaines*, 111.

STELE. Pierre isolée , cintrée par le haut , et portant des inscriptions; monument funéraire , 150.

STYLE. La réunion de tout ce qui concourt à la composition d'un ouvrage de l'art, 11 , 117 et suiv.

SUDATIO. Cellule ronde et chauffée par des tuyaux dans les bains romains , 81.

SUMMUM DORSUM , SUMMA CRUSTA. Quatrième et dernière couche supérieure des *voies romaines*, 112.

T

TABLINUM. Cabinet ou archives d'une *maison romaine* 36.

TEPIDARIUM. Chambre d'une chaleur modérée dans les bains romains , 81.

TEMPLES. Égyptiens , de Lougsor , 38 — Grecs , 44. Tetra-sexa-octa-déca-style ; à quatre , six , huit , dix colonnes , 46. — Etrusque , 47. — Gaulois , 48. — Romains , *idem*. — De forme circulaire , 49.

TÉTRASTYLE. Façade à quatre colonnes , 46.

THALAMUS. Chambre à coucher des dames grecques , 35.

THÉATRES. Romains , grecs , etc, , 70.

THERMES. *Bains* des Romains et des Grecs, 80.

TOMBEAUX. Lieu de sépulture , 84.

TRISMÉGISTE. Trois fois très-grand; qualification du premier Hermès égyptien , 140.

TUMULI. Monticules factices élevés sur la sépulture des morts , 99 et 102.

U

URÆUS. Aspic d'Égypte dont la figure décore la coiffure des dieux et des rois d'Égypte , 39.

FIN DU PREMIER VOLUME DE
L'ARCHÉOLOGIE.

ERRATUM.

Page 48, ligne 12, au lieu d'*ensemble*, lisez
enceinte.

NOTA.

L'Encyclopédie portative est parvenue à sa 6e livraison, malgré les obstacles de plus d'un genre qu'a dû rencontrer une aussi vaste entreprise. Toutefois, dans l'espace de six mois, l'*Astronomie*, la *Physique*, *les Etudes historiques* et le 1er volume *de la Chimie*, ont été publiés; le 2e va paraître avec l'*Archéologie*, et avant le mois de janvier, ils seront suivis *de la Morale*.

Le directeur qui ne néglige rien pour rendre, dans le cadre adopté, chaque traité aussi parfait que possible, et qui s'adjoint à divers titres, les hommes les plus habiles, est maintenant en mesure de tenir tous ses engagemens et de publier au moins deux volumes par mois.

Le succès de la 1re *série*, contenant les SCIENCES, LES LETTRES ET LES BEAUX ARTS, joint au grand nombre de souscripteurs qui se sont inscrits d'avance pour la 2e, comprenant les ARTS INDUSTRIELS ET LES MÉTIERS, a déterminé le directeur à publier simultanément ces deux séries. Les 1ers volumes de la 2e sont sous presse, et les matériaux sont distribués de façon qu'il paraîtra deux volumes de chaque série par mois.

M. DE MOLÉON, ancien élè de l'école polytechnique, l'un des rédacteurs des *Annales de l'industrie nationale et étrangère*, etc., a bien voulu s'adjoindre à M. C. BAILLY pour la direction de la 2e *série* de l'ENCYCLOPÉDIE PORTATIVE. Le concours de ce savant sera une nouvelle garantie des soins qui présideront au choix, au classement et à l'exposition des matières.

Mur de Volterra.

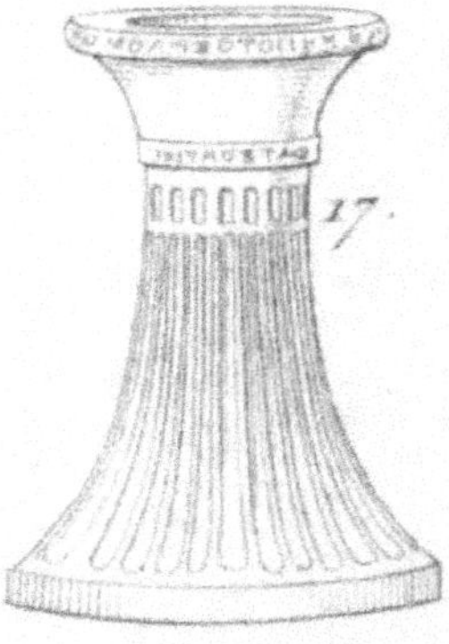

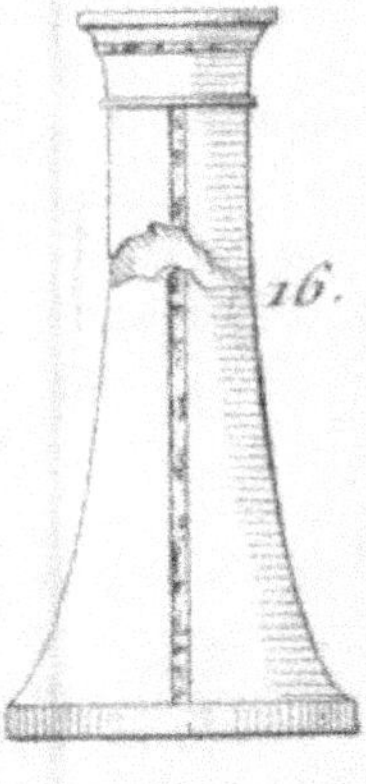

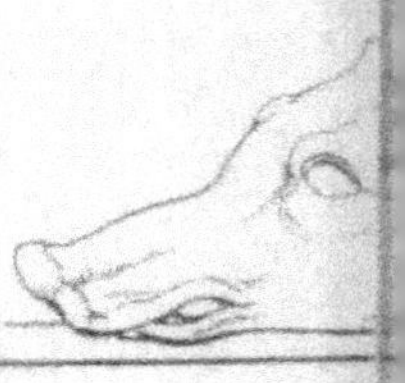

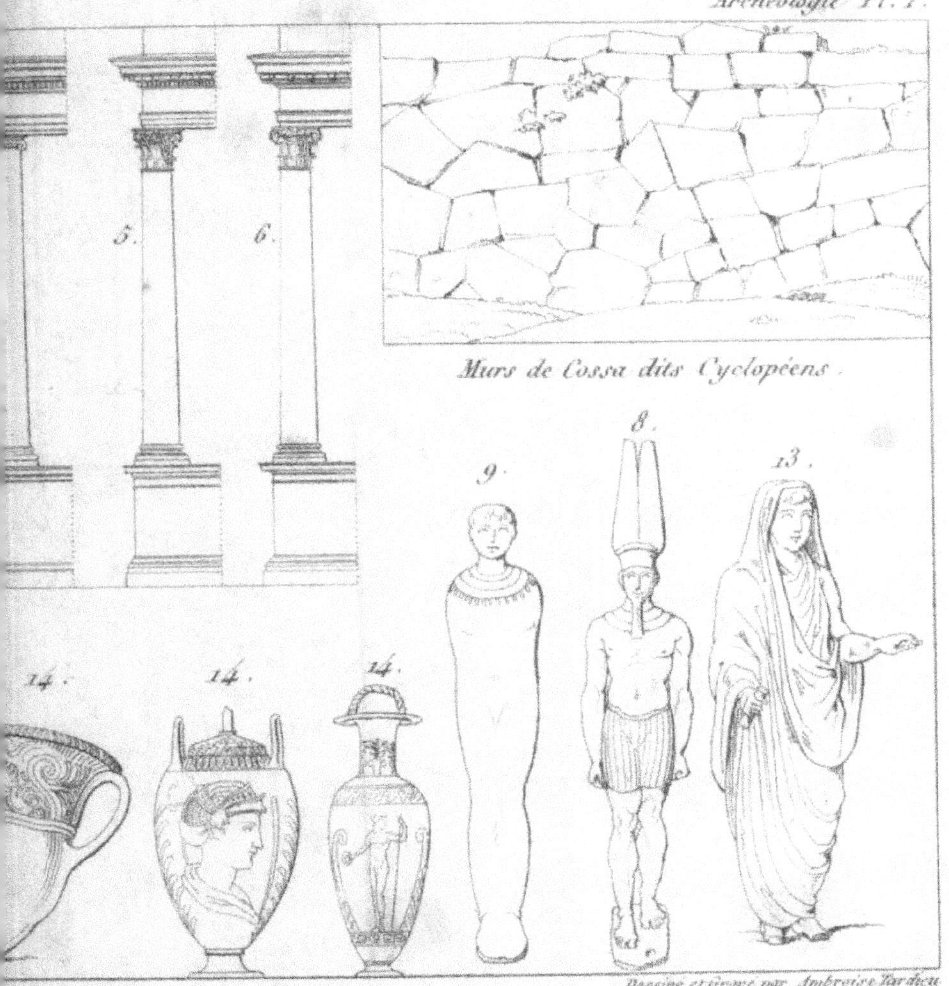

Archéologie Pl. 1.
5.
6.
Murs de Cossa dits Cyclopéens.
8.
9.
13.
14.
14.
14.
Dessiné et gravé par Ambroise Tardieu.

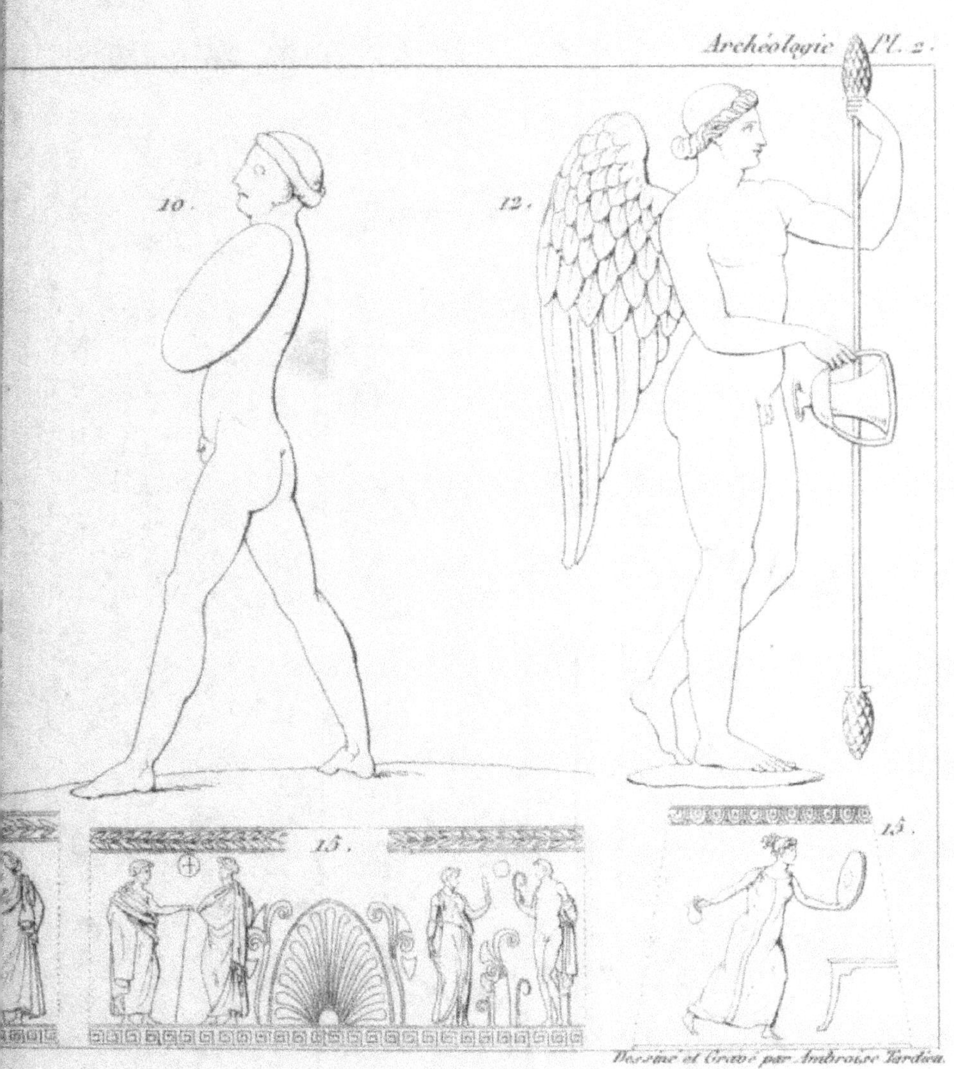

Archéologie. Pl. 2.
10.
12.
13.
15.
Dessiné et Gravé par Ambroise Tardieu.